程玉合 著

这些年我们用**错**的

汉字

中华书局

图书在版编目（CIP）数据

这些年我们用错的汉字 / 程玉合著 . — 北京 ： 中华书局，2017.7（2017.7 重印）

ISBN 978-7-101-12347-0

Ⅰ . 这… Ⅱ . 程… Ⅲ . 汉字－错别字－辨别 Ⅳ . H124.1

中国版本图书馆 CIP 数据核字（2016）第 299152 号

书　　　名	这些年我们用错的汉字
著　　　者	程玉合
责任编辑	胡香玉
出版发行	中华书局
	（北京市丰台区太平桥西里 38 号　100073）
	http://www.zhbc.com.cn
	E-mail：zhbc@zhbc.com.cn
印　　　刷	中煤（北京）印务有限公司
版　　　次	2017 年 7 月北京第 1 版
	2017 年 7 月北京第 2 次印刷
规　　　格	开本 / 710 × 1000 毫米　1/16
	印张 10.5　字数 80 千字
印　　　数	10001-20000 册
国际书号	ISBN 978-7-101-12347-0
定　　　价	28.00 元

序 言

　　程玉合即将在中华书局出一本关于汉字的书，邀我给他写一个序言。玉合曾做过我的研究生，我当然很高兴，但我是搞普通语言学的，汉字虽然也包括在内，毕竟不是我的专业和专长，所以，我只能对本书的一些特点做些介绍，谈谈看法。

　　大家知道，《语言学概论》是大学中文系本科生的必修课。长期以来，学生觉得该课理论多而枯燥，老师也深感难于教学。受到我父亲岑麒祥和北大教授朱德熙等先生的启发，我从20世纪80年代中期起，有意识地对该课进行一些"改革"。在讲课中从古代诗歌小说、民间传说笑话、日常趣闻、新鲜事件中选择许多能够说明理论的典型例子，以讲话的口气叙述整理成书。看了玉合的书稿后，我觉得本书在形式上和我的第一本著作《趣味实用语言学讲话》有异曲同工之妙。

　　玉合的书有以下一些特点：

　　特点一：给每个要讲的问题拟了一个有趣的题目。如《天后不是天後》《汉字里的双胞胎》《到处都是"人"》《驴是有户口的马？》……

　　特点二：从"小、浅"说起，向"大、深"挖去。玉合的书是通过日常小事引出某个汉字的造字原理。有的甚至已经超越汉字，进入语言学范畴。虽然他的书每个题目后面没有副标题，但给人的印象同样亲切、自然。语言学家罗常培在他的《语言与文化》一书里曾经深入探讨过"贝"字旁、"女"字旁、"玉"字旁……玉合这本书可以看作是对罗常培先生的书以及对某些社会语言学、文化语言学的继承。此外，阅读此书，还可以对一些民俗学和历史学、文学、文字学等有所了解，例如《骗子与马》的骗马游戏，《林吉士的教训》中的"秋"与"和"字，《品字结构欢乐多》中苏轼与刘贡父的趣闻。

特点三：具有科学的理论指导。从"小、浅"说起，向"大、深"挖去，绝对不是乱讲、乱挖，而是根据语言学或汉字学的原理来进行。玉合这本书是根据汉字学原理构思撰写的。该书将汉字造字的六书原理贯穿于每篇文章所讲汉字之中。这对于汉字的学习和教学无疑具有极大的理论意义与实践意义。

特点四：实用性。任何文字都是对某种语言的记录，文字是用形记录某种语言的音义的。汉字也不例外，从一定意义上说，汉字比别的文字更加难写、难认。玉合的书集中在汉字的实用性上。在《读错字的尴尬》中对"媒妁之言"的"妁"字读法闹的笑话，《别怪我们长得像》对"戊、戌、戍、戎、戒"的区别，对"己、已、巳"的区别，《天后不是天後》中"后"与"後"的区别，至于《变幻莫测的形旁和声旁》等更是抓住了汉字的特点进行讲述，看完后读者会留下极深的印象。

特点五：文字幽默。玉合的书经常把自己摆在读者面前，幽默风趣，侃侃而谈。读着读着，你会发出会心的微笑。

人总不能十全十美，书也是一样。优点往往就是缺点。如果说本书还有什么不足，就是觉得该书的随意性和散文性偏强，有些地方仍需进一步推敲。盼今后能够不断改进，取得更大的进步。

是为序。

岑运强
2016年6月写于育新花园

目录 ————————————————————

不怕你写不错

天下第一错字

有一次，班里有个小女孩儿神秘兮兮地对我说：程老师，考考你呗？我冲她一笑：好啊，请说。"冒"字怎么写？我有点儿诧异：冒，上面一"日"，下面一"目"啊。小姑娘乐了，特别高兴地说，老师，您错了。

对于"冒"字，我真没有认真注意过，我望着小姑娘可爱的神态，吐了吐舌头：真的啊，你快说说。小姑娘更快乐了：老师，"冒"上面不是"日"，也不是"日"，而是这个。她一边在纸上写，一边说：是"曰"，里边的两横和两边都不相连。

回到办公室，我一查字典，还真是呢。再一查，居然有人称冒字为"天下第一错字"。有些常用字，我们太"熟悉"了，反而习焉不察，熟视无睹了，忽视了它们的写法。这"冒"字不会写，估计不仅仅老程自己吧。

接着，老程就做了点儿功课，翻书，查资料。

这个"曰"就读mào，它与"曰"的区别，正如小姑娘所说，里面的那两横不与别的笔画相连。古文字中的"曰"（冃）是个象形字，就是画了一顶古人的帽子，那两横是帽子上的装饰物。由"曰"组成的"冒"，上面是帽子，下面是眼睛，本义也是戴在头上的帽子，后引申出覆盖的意思。

最早的"帽"就是"冒"，并没有"巾"。因为一个"冒"字还表示别的义项，负担太重了，后来人们给"冒"加上"巾"，造出个形声字"帽"。"冒"专管"向外透出"等意义，"头上的帽子"这个意思交给"帽"专管。至此，我们可以看出"帽"字的演变历程：曰—冒—帽。

《汉语大字典》中没有单独列出曰部，把"冒"字归并到"日"部之下，这是不妥的；《现代汉语词典》有曰部，下收四字：冒、冔、冕、冕。

不常用的陌生字，人们还查查字典，问问别人，上网搜搜，可像"冒"这样的字，天天见面，反而不去注意它了。错在不知不觉中。

说到"冒"字了，就顺便说说感冒，也很有意思。

感冒是病，但任何一部古代中医典籍中都没有"感冒"一词。原来，"感冒"不是医学术语，而是来自官场，是一个官场专用语。

宋代有专门的机构分掌图书经籍、编修国史等事务，这些机构是昭文馆、史馆、集贤院三馆和秘阁、龙图阁等阁，通称"馆阁"。按照规定,馆阁中每天晚上要留一位官员值班,如果因故不能值班,就要在请假簿上写上这么一句:"腹肚不安,免宿。"

当然不一定是真的"腹肚不安",而是一种相沿成习的借口。请假不能连续超过四天。因此馆阁的官员们俗称这本请假簿为"害肚历"。

南宋时期,时为太学生的陈鹄也在馆阁中供职,陈鹄喜欢别出心裁,他请假时,偏偏不愿意写"腹肚不安,免宿",而是写上"感风",还把害肚历改成感风簿,并且沾沾自喜地说:"害肚历""感风簿",真是千古绝对啊。

陈鹄用的"感风"是有来历的。与他同时期,有个中医学派,史称"永嘉医派",创始人叫陈无择,他将复杂的疾病按照病源分为内因、外因和不内外因三种,其中外因称"六淫",即风、寒、暑、湿、燥、火。陈鹄于是创造性地把外因之首的"风"信手拈来,前面冠上一个"感"字,"感"者,受也,故称"感风"。

"感风簿"一词从此开始风靡官场。到了清代,"感风簿"演变成了"感冒假",成为官员请假休息的托词。清代官员的创造性在于将"感风"变成了"感冒","冒"是透出的意思,"感冒"即是感风之后仍然带病坚持工作,今天终于全面爆发了!

从官场发源,"感冒"一词开始进入人们的日常口语。到现在,感冒你说我说大家说,很平常,倒极少有人知道来源了。而更好玩儿的事情是,感冒在新的时代又有了更新的意义与用法。比如下面的说法。

我对老程不感冒。

"感冒",在这儿也是个动词,只是意思大变,倒类似于感兴趣了。这是一种幽默的说法，本是临时借用，现在却好像越来越流行了。

冒，感冒，您对这个话题感冒还是不感冒？

笔画最多的字

今日，伙同一帮同事去门头沟爨底下村。

"爨"，音cuàn。总笔画为30画，当地人为方便记忆，曾经编写歌谣曰：兴（繁体：興）字头，林字腰，大字下面架火烧。

"爨"有两个意思：一是烧火做饭。"爨，炊也。""取其进火谓之爨，取其气上谓之炊。"（《说文解字》）由此可组成爨人、爨夫（厨师）、爨室（厨房）、爨妇（执炊的女人）等词。二是指烧，烧煮。《水经注》上有"常若微雷发响，以草爨之，则烟腾火发"的句子。"爨"的小篆字形为爨，上面两手持锅，下面两手往火里添柴，描绘的正是烧锅做饭的场景。

"爨"字笔画太多，所以，即使有了口诀，人们大概还是觉得难写。于是，现在好多人一般都将"爨底下村"写作"川底下村"。音近，图个方便吧。

简体汉字中，笔画最多的还不是"爨"，而是"齉"，笔画为36画。齉，读nàng，鼻子不通气，发音不清。如：齉鼻子；鼻子发齉。

汉字向来被认为繁难，特别是繁体或古体。如果你翻翻《康熙字典》或《汉语大字典》之类，不认识的字太多，不会写的更多。这也正是简化汉字的一个原因，毕竟，文字是交际工具，不好认不好读就不方便。

在民间，还有笔画更多的简化字。当然，有的连字典词典也不收，而有的，是不是字亦有争论。

比如下面图片里的字。这个字读作biáng，是人们普遍认为的笔画最多的汉字，共有57笔。biáng biáng面，是源于陕西的一种面，现在也是一家面馆的品牌。biáng字，字形极为复杂。其文字的字形是所有传统字典，包括《康熙字典》不曾收录的，而其发音，和piā、biā一样，也是普通话里没有的。

陕西关中biáng biáng面文字儿歌这样唱道：

一点上了天，黄河两道弯。

八字大张口，言字往里走。

你一扭我一扭，你一长我一长，

当中加个马大王，心字底月字旁，

挂个勾勾串麻糖，坐着车车逛咸阳。

"biáng"字和"biáng biáng"词的发音是拟声，其得名，据说如下：

1.面在制作的擀制和拉扯过程中在案板上会发出biáng-biáng的声音；2.面在下锅时，在锅沿上会发出biáng-biáng的声音；3.面在捞出和调味搅拌过程中会发出biáng-biáng的声音；4.面在入口时，在嘴边会发出biáng-biáng的声音。

根据法国著名汉学家白乐桑1989年的研究，中国最复杂的繁体汉字是zhé字，64画，由上下左右四个繁体的龙（龍）字构成，意思为唠叨话多，出现在5世纪的中国。

另外，据说日本汉字中还有一个84画的汉字存在，这个字上部是品字形的繁体三个云，下部是品字形的繁体龘，意思为出现了龙，在飞翔。

一个字，笔画多到了几十画，除了对某些有特殊爱好的人，比如书法家，比如好古家，究竟有什么意义呢？但是，既然存在这样的情况，你就当作一种好玩的东西吧。如果因为这个，增加了我们的民族自豪感，也算是别样的收获了。

常说却不会写的字

　　口语与书面语是不一样的。书面语往往更规范，有时不免咬文嚼字，而口语呢，更生活化。生活中，有些词儿我们常说，但真让你写，估计会挠头皮。

　　比如，放假了，老妈让你干点儿活。

　　儿子哎，帮妈wǎ勺米来？

　　wǎ，北方话里太常用了，怎么写？别急，老程告诉你答案。搲，舀的意思。再举几个例子，让你长长见识。

　　张三家熬粥。火大了，张三也不看锅，鬻锅了。鬻，yù，溢出。

　　别吃这馒头了，都长醭了。醭，bú，醋、酱油或馒头等表面上的白色霉。

　　妈，我袖口开了，你给我敹几针？敹，liáo，缝缀。

就邻居王二麻子，哼，成天谝他的苹果手机。谝，piǎn，夸耀，夸口。

儿子他爸，快点儿，后背痒死了，给我㧟㧟。㧟，kuǎi，挠，搔痒。

瞧，这天冷的，你的手都冻皴了。皴，cūn，皮肤因受冻而干裂。

这个地方好黑啊，瘆得慌。瘆，shèn，使人害怕。

……

这样的字还有很多。老程生活中，有过有意思的事儿。

记得我小学时的袁老师，就不止一次很兴奋地告诉我们：你们知道"旮旯"怎么写吗？告诉你们，gā是九日，lá是日九。旮旯，北方方言，角落的意思。

当时，我们听了很兴奋，纷纷回家考父母和爷爷奶奶。你们知道"旮旯"怎么写吗？

有一天，我翻《现代汉语词典》，居然翻到特别好玩的东西。北京人说人身体特好，很壮，一般说，这人很zhuǎng。可这字怎么写，真没注意过。我偶然翻到，像哥伦布发现了新大陆，先是"哇"了一声，接着迫不及待地与办公室的同事们分享：大家知道某某很zhuǎng的zhuǎng怎么写吗？原来是唐玄奘的"奘"字。《现代汉语词典》（第6版）的解释是这样的：奘，zhuǎng，方言，形容粗而大：身高腰奘｜这棵树很奘。

其实，这类常说却写不出的字多是方言词。即便它们进了普通话的书面语里，因为有其他更通用的词可以用，一般情况也很少有机会写，甚至都有可能无字可写。比如，山东济南话里，书面语蹲，口语一般说gudei，gudei怎么写，查了半天，也没有查到。

故意写错的字

老程大学毕业,分到了山东一个小城,在一个子弟中学教书。老程出身农村,浑身土得掉渣,工资也没多少。于是,有时候也想找点窍门挣点儿小钱。某一次看到杂志上征集广告语,大奖一万,就颇动心了。那是家衬衫厂家,我最后拟定的广告语,其他词忘了,有个词儿记得清楚:"衣衣不舍。"

没错,是"衣衣不舍",不是"依依不舍"。我把成语依据谐音给窜改了。

改成语是那个时代颇为时髦的活动,广告里有很多。比如:

一箭如故,一箭钟情。(箭牌口香糖广告语)

骑乐无穷(某摩托车广告语)

衣名惊人（某服装广告语）

饮以为荣（某饮品广告语）

天尝地酒（某酒类广告语）

牙口无炎（某牙膏广告语）

食全食美（某酒店广告语）

咳不容缓（某止咳药广告语）

闲妻良母（某洗衣机广告语）

默默无蚊（某杀蚊剂广告语）

百衣百顺（某名牌服装广告语）

为做广告改成语，这是明明知道却故意出错。如果使用不多，不泛滥，也会有陌生化效应，让人记忆深刻。但如果你改我改大家改，一招鲜，一窝蜂，再有趣的事情也变无趣，甚至有些无聊。至于"志在必得"成了"痔在必得"，"别无所求"成了"鳖无所求"，趣味低级，简直糟蹋成语。

故意写几个错字的现象，网络上也常见。比如"很开心"故意错成"狠开心"，"叔叔"故意打成"蜀黍"，悲剧不说悲剧，说"杯具"。错误大家都知道，彼此心照不宣，而词汇本身呢，因为故意错用，而陡生了几分附加意义与联想，很新鲜，也是一种乐趣。

生活有时也枯燥。想点办法，让空气里有点快乐，也很有必要。文字本是一种交际工具，如果能够融洽彼此关系，故意错用一下，有什么大碍？"别墅"咱就读成"别野"，"酗酒"咱就读成"凶酒"，嬉笑怒骂，插科打诨，生活何必时时都一本正经？错用汉字，你大可视作一种幽默。

但凡事有度，错用也如此。如果老用这种手段，新鲜感没有了，幽默感也就没有了。如果你的幽默不为人理解，还因此误导了中小学生，那就不好了。语言文字，其实也不是小事，悠着点儿吧。

认识生僻字有必要吗?

你知道"囧"吗? 你认识"槑"吗? 有段时间, 继"囧"字在网上引起一阵"骚动"之后, "槑"等一些生僻字又在网上大行其道。

囧, 读jiǒng, 表示郁闷、悲伤、无奈等, 网络上多用于"形容人很尴尬"。槑, 读méi, 由两个"呆"组成, 在网上多用来形容人很呆, 很傻, 很天真。

因为新鲜, 你用他用我也用, 像"囧""槑"这样的生僻字, 在网络上居然变成常用字了, 甚至比常用字还常用。

但是, 这样的字毕竟是个别现象。绝大多数生僻字, 如同其名字"生僻"一样, 在日常生活中不被人们熟悉, 在一般的书刊里也不常见。认识这些生僻字有必要吗?

有的生僻字在历史上并不生僻，甚至还是常用字。譬如"簋""甒""鬲""罍""匜"等表示礼器的字，在古代典籍中出场率就颇高。只是到了现在，它们才难觅踪迹。是什么原因让常用字变得生僻了呢？

产生生僻字最主要也最直接的原因，就是某个文字所代表的东西不再重要，甚至消失。文字是记录语言的书写符号，而语言又是对现实世界的反映，当某种旧的事物、方法等消失之后，相应的语言表达也会逐渐式微，而对应的文字也随之慢慢退出历史舞台。

比如，先秦时候一只猪的名称就有"豕""豭""豝""豚""豵"等，这些汉字现在大多是生僻字，但它们体现了在上古农耕社会，猪这种家畜在人们生活中的重要性，有着很强的时代印记。

比如上文提到的表示礼器的汉字，随着时代的发展，古礼不再，这些汉字自然也就只好寂寞地待在古籍里了。

再比如，马在我们老祖宗的日常出行和军事行动中占据了重要地位，所以，和马有关的汉字也有一大把。有按颜色分的，如"骊"（纯黑色的马）、"骐"（有青黑色纹理的马）、"骓"（青白杂色的马）；有按优劣分的，如"驵"（好马）、"骀"（劣马）；有按马龄分的，如"驹"（两岁的马）、"駣"（三四岁的马）。此外与马相关的动词、形容词更多，只有想不到的，没有写不出的。可如今，马的地位与古代相比不可同日而语。查阅《现代汉语常用字表》里的3500字，与马有关的常用字，也不过"驾""骑"等十余个了。

产生生僻字的另一个原因，在于语言文字讲究经济性，方便是最重要的指标。

汉语的表达方式一直发生着变化，比如古汉语以单音词为主，到了现代汉语，变成双音词为主。原来必须用一个字表达的东西，现在用两个字或者好几个字也能说清楚。因此，花大力气记住很多生僻字所表达的含义，远不如多说几个常用字的组合简单经济。称呼黑马为"骊"，哪如直接称之为黑马简单呢？

语言文字是交际工具。交际追求的，是通过有限的规则，使用有限的基本成分，生成一片无限的表达空间。唯有在现实生活中最核心、常用的东西，在语言中才有资格成为基本成分，在文字中才有资格成为常用字，而那些非核心、非常用，表达非重要的东西的文字，则成为了生僻字，被打入冷宫。

汉字生僻字的增多也与汉语的书面语变革相关。

在我国，相当长的时期内，书面表达一直使用文言。因为文言文的垄断地位，许多词即使在口语中早已消失或者不常用，也被保留

下来，而其相应的文字形式亦得以幸存。直到五四新文化运动，白话文代替文言文，成为了共同书面语，许多汉字就此失去了赖以生存的土壤，使用减少，也就沦为生僻字了。

前段时间，电视剧《芈月传》的热播，使生僻字更多地走进人们的视野。从某种意义上，也多亏了电视剧，人们才认识了"芈""媵""缚"等字，让这些生僻字走进了现代人的生活。

像"芈""嬛""琊"这样能幸运地通过流行文化重回公众视野的生僻字只是少数。有时即使是官方力量，也难以让其重新收获公众的目光。譬如南京青奥会吉祥物取名"砳砳"（lè lè），本义为两石相击之声，取意自南京的雨花石。寓意原本很好，可在传播中远不如另一个来自南京方言的诨名深入人心。

"生僻"字就是"生僻"字

近代学者章炳麟，字太炎，行事特立独行。章太炎娶妻王氏，王氏为章家生了三个聪明漂亮的女儿。章太炎之女，自然要迥异凡俗，为了表示自己的女儿和别人家的女儿不一样，他经过思考，决定在女儿的名字上做文章。大女儿名字四个"乂"叠加，二女儿名字是四个"又"叠加，三女儿名字是四个"工"叠加。

如此生僻字的名字，现在打字都打不出。

这样的生僻字，在三个女儿小的时候，还没什么，可是等她们到了出嫁的年龄，却出现了大麻烦：三个女儿待嫁，居然无人提亲。

眼看着女儿的年龄一天天增长，王氏急了，章太炎也纳闷，凭自己的家庭与名气，自己的女儿嫁不出去，这简直就是笑话。

章太炎问别人原因，方才得知，毛病竟出在了章家女儿的名字上。第二日正是休息日，章太炎请了20多位文化名流到自己家吃茶聊天，在聊天的过程中，章太炎叫道："章㠭出来给众位世伯倒茶！"

　　章㠭给一众文化名流倒完茶，施礼退下，章太炎拿出毛笔在白纸上写上了"㠭"字，然后给大家介绍，这个字的意思是"交之广也"，也可以理解为朋友多。

　　章太炎讲完了大女儿的名字，又唤二女儿出来送茶点，老二送完茶点，施礼退下后，章太炎又在白纸上写上了四个"又"字，这个字有"缀联"的意思，可以理解为好事不断。

　　最后，章太炎唤出了三女儿，为众位文化名流摆上水果，小女儿下去后，章太炎又开始为众人讲四个"工"的意思。四个"工"组合的

意思为"展","展开，展露才华"的意思。

这帮文化名流听章太炎解释完名字，这才明白了章家三女名字的含义，他们回去后，四处宣传，果然几天之后，媒人就几乎将章家的门槛踏平了。章家三个女儿顺利嫁人，章太炎以后给儿子取名，就不再用别人不认识的生僻字了。

当然，名人的故事有传奇的成分。但用生僻字的尴尬与麻烦，也可见一斑了。

不过，生僻字也并不是没有价值。生僻字的价值，在于通过自身在古书和字典中的留存，忠实记录下一段语言、文字、社会、民族和文化的历史。

你一定因为念错被人笑话过

读错字的尴尬

汉字有多少，没有谁说得清楚。这么多汉字，读错当然并不鲜见。如果有人说，他见字都认识，你不必考虑，直接送他俩字：吹牛。连语言学家都不敢这么说，有句话叫"一瓶不满，半瓶晃荡"，敢说大话，吹大牛的，一般都是半瓶醋。

我也为这样的自信付出过"代价"。大一的时候，几个同学一起玩儿，不知怎么就说到了媒妁之言。有同学说媒shuò，我听后说，怎么读shuò呢，你读错了，媒yuē之言。谁也不让谁，一来二去打起赌来，谁错谁请在座的人吃西瓜。一座的人起哄，最终，我乖乖请那几个小子大吃了顿西瓜。

从见这个词开始，老程就一直读媒yuē之言，怎么就成了媒

shuò之言呢？为什么就没查查字典呢？而且，多少年了，言之凿凿，读错多少遍了啊，丢人恁多次，自己居然不知，想想都挺不好意思的。

其实，遭遇这样的尴尬，对于老程这样的无名之辈来说，说不上丢大人。如果是领导，大庭广众之下，讲一个严肃的主题，比如要好好学习，别读错字什么的，你突然冒出几个xiōng（酗）酒、并行不bó（悖）之类，台下哄堂大笑，你还不知所以然，丢人都不知道怎么丢的。

别人讲过一件事情。

某局有位副书记，有一次带大家学习毛泽东的《改造我们的学习》。大家都认真地听他朗读："……无实事求是之意，有哗众取páng之心……""哗众取宠"读成了"哗众取páng"，下面一片非议之声，可他还不知道。

还听别人讲过一个故事。

有一大学生求职，打电话去应聘单位："喂，我的复历表已经寄去了，你们收到了吗？"人家听不懂："什么复历表？"他着急地说："就是你们要我寄的那个个人复历表啊……""履历表"说成"复历表"，估计这学生也不用去面试了。

老家有句俗话，秀才读半边。以汉字的造字形式而言，形声字占总数的八成以上，声旁表音。这样的说法其实有很大的道理。但是，汉字是发展的，自古而今，语音发生了很大的变化。形声字的声旁与实际的读音，有很多字并不相符。读半边，对很大一部分字而言，一点儿都不靠谱。

瞠目结舌的瞠（chēng），是不是很多人读táng？电饼铛的铛（chēng），是不是有人读dǎng？刚愎自用的愎（bì），你有没有读作fù？发酵的酵（jiào），你有没有读成xiào？生活中，你有没有听到有人把混淆（xiáo）读作混yáo？日常里，你有没有遇到某个人衣冠楚楚，一张嘴，把婀娜ē nuó读作ā nà？纨绔子弟中的"纨绔"怎么读？脍炙人口中的"脍"怎么念？造诣的诣读zhǐ？麻痹的痹读pì？

这样的例子太多了。

秀才读半边，这样的经验之谈也许可以解决一点儿问题。但遇到不认识的字，还是应该勤查字典，才能保证万无一失。

人名里的读音误区

著名作家贾平凹的"凹"字你怎么读？读āo?估计有很多读者是这么读的，老程也一直这样读。但某天，我读作家的长篇小说《浮躁》，却发现了问题。贾平凹的"凹"，按照作家的本意，其实不该读āo，而应读wā。

大家不妨先读贾平凹自传里的一小段，出自《浮躁》后记。"姓贾，名平凹，无字无号；娘呼'平娃'，理想于通顺，我写'平凹'，正视于崎岖，一字之改，音同形异，两代人心境可见也。"

你看看，"一字之改，音同形异"，"娃""凹"，读音就是声调有差异而已，考虑到方言，差不多就是同音字了。关键是，普通话里"凹"有wā的读音吗？好像没有啊？莫不是贾老师读错了？

老程并不自信，急忙搬出辞典。一看吓一跳，老程差点犯了错误。凹字除了āo，还真有wā这个音，《现代汉语词典》《康熙字典》《辞海·语词分册》都有。其中《辞海·语词分册》这样说："凹入处，如鼻凹，也用于地名。如山西有核桃凹。"

发现了问题，老程心里依旧觉得读贾平wā不习惯，略一搜索，贾作家的名字，读āo还是读wā，居然成了很多人迷惑的一个问题。凹也读wā，毕竟范围太小了，以至于很少人知道。包括今天写这篇文章打字，拼音输入wā根本显不出"凹"字。

相对于凹，还有一个凸字，都是典型的象形字。这个好像一看就明白。凹，四周高，中间低，洼地也；凸，中间高，四周低，高地也。这颇符合某些人津津乐道的汉字见形知义的优越性。不过，所谓见形知义，大多是因为您先知道了意思，再反看形体。不信，你问一个老外，凹凸的含义，他未必猜得出。

作家取义于崎岖，一字之改，让名字土气顿无，且有了哲学意味。不过，这名字，容易读错也是真的。但作家是名人啊，人家自己这样叫自己，别人只能这样叫了。至于老师们教学中遇到的小难题，也就只好特殊情况特殊处理了。

凹的问题是有点小小的混乱，而著名学者，当年清华四大导师之一的陈寅恪的名字，则是将错就错了。恪，普通话读kè，没有别的读音。但老先生自己叫自己陈寅què，多少年了，学术界也都这样称呼他。

著名作家、《人到中年》的作者、著名演员梁天的母亲，姓谌名容。谌，查什么字典都只有一个读音，chén。可作家本人一再声称自己不姓chén，而姓shèn。前鲁能球星宿茂臻，人人都喊sù茂臻，可球员本人说过，他姓xù。而本人老家就有个叫xù楼的村子，全村人的姓氏都是宿。

谌容与宿茂臻的名气远不及贾平凹与陈寅恪，所以，尽管他们有声明，现实并没有迁就他们。可如果名气够大，某些人的任性，就足能演绎出佳话。贾平凹与陈寅恪是因人而特意改变了汉字的读音，而鲁迅更是自造了一个原来本无的汉字。在《故乡》里，作家实在想不起一种动物的名字了，就自己给它命名为"猹"了。这个字之前读zhā，而现在改读chá了。造的本是形声字，这样改更合理了。

不管是凸还是凹，反正是不平！

品字结构欢乐多

首先，我们来猜个谜语。谜面是：七十二小时，打一汉字。猜出来了吗？告诉你，是"晶"字。一天有二十四小时，七十二小时就是三天。三天也称三日，三日，当然是"晶"了。这谜语的立意完全没考虑晶字的意义。晶，从三日，会意字，光亮，明亮。晶，把三"日"摆一起，这类汉字其实不少。比如，品，三"口"摆一起；磊，三"石"摆一起，等等。人们习惯称这类字为品字结构的字。

中国文化里有五行，金、木、水、火、土这五个字，居然个个可以摆成品字结构。三金是鑫，指财富兴盛。因为意义好，多用于人名。你用我用大家用，鑫字作名字几乎泛滥。三木是森，树木多，丰茂。有同学名字叫林森，一名五木，很妙。三水是淼，水多，渺之异体。有学生姓于，叫于思淼，谐音鱼思淼，是不错的名字。三火是焱（yàn），火花，火焰。其实，还有四个火摞一起而成的燚（yì），火燃烧的样子，多用于人名。"燚"应该是最火的汉字。三土是垚（yáo），高，这个字不常见，偶尔见到的是用于人名。

有个成语叫六畜兴旺，牛、马、羊、豕（猪）、犬（狗）、鸡，六种家畜中有四种可以摞成品字结构。三牛，是犇，奔的异体字。一头牛力气就够大了，三牛当然更有力。有个老演员叫牛犇，曾出演《牧马人》，一段时间赫赫有名。三马是骉（biāo），众马奔腾的样子。三羊是羴（shān），"膻"的异体字，有人吃不惯羊肉嫌其膻。三犬是猋（biāo），本意是狗奔跑的样子，通"飙"，暴风，旋风。猋升（飙升）的意思是急速上升。

品字结构很有趣。汉字世界，不是三人成虎，而是三人成"众"；三个鱼，不是指鱼贯而入，而是指滋味之鲜，鱻（xiān），鲜的异体字。三手摞起，不是团结一心，而是扒手，掱（pá）乃扒的异体字。如今称小偷为三只手，以"掱"观之，太形象了。三贝非金钱万贯，赑屃（bì xì），传说中的龙之九子之一，善负重，石碑下像乌龟的动物即是。三白是皛（xiǎo），在人名中常用。三毛是毳（cuì），会意，从三毛，本义是鸟兽的细毛。

关于皛字、毳字还有一段有趣的小故事。苏轼曾对刘贡父说："我和弟弟每天吃三白饭，吃得很香甜，不相信人间会有更好吃的美味。"贡父问："什么叫三白饭？"苏轼答道："一撮白盐，一碟白萝卜，一碗白米饭，这就是'三白'。"刘贡父听了大笑。过了很久，刘贡父写请帖给苏轼，请他到家里吃"皛饭"。苏轼已忘记自己对刘贡父说的话，就对别人说："刘贡父读书多，他这'皛饭'定是有来由的。"

等他到了刘贡父家吃饭时，发现桌上只有盐、萝卜、米饭，这才恍然大悟，知道这是贡父用"三白饭"开的玩笑，便大吃起来。吃完饭苏轼告辞出来，临上马时对刘贡父说："明天到我家，我准备毳饭款待你。"

刘贡父害怕被苏轼戏弄，但又想知道"毳饭"到底是什么，第二天便如约前往。两人谈了很久，早过了吃饭时间，刘贡父肚子饿得咕咕叫，便问苏轼为何还不吃饭。苏轼说："再等一会儿。"反复这样好几次，苏轼的回答老是这句话。最后，刘贡父说："饿得受不了啦！"苏轼才慢吞吞地说："盐也毛（冇，音mǎo，'没有'的意思），萝卜也毛，饭也毛，岂不是'毳'饭？"刘贡父捧腹大笑，说："本来我就知道你一定会报昨天的一箭之仇，但万万没想到这一点！"

家长为孩子取名，品字结构的字很受欢迎，原因是，这些会意字大都有很好的寓意，而且品字结构极富个性。

　　许多品字结构的汉字，已经从我们的生活中消失，只有从故纸堆或字典里，才能找出它们了。文化就是这样，有传承，也有更新和淘汰。

好玩也易尴尬的姓氏

高中的时候, 读一本青少年小说, 里面有个班长姓厍, 从开始读到读完, 我一直读库。因为这字和水库的库只有一点之差。直到看了根据小说改编的同名电影, 才知道自己读错了。厍, 音shè。

大学毕业, 在某所学校教书, 有个同事居然姓孬。名字见了一次, 就忘不了, 而且, 好玩儿的是, 他找了个媳妇, 居然姓郝。两人的姓氏, 谐音孬好, 于是, 给他孩子起名, 便成了我们私下的乐趣。随母姓, 郝孬? 随父姓, 孬郝? 大家都觉得好玩得很。

中国人对姓氏很重视。《百家姓》人们耳熟能详: 赵钱孙李, 周吴郑王。但中国的姓氏很多, 让人觉得尴尬的, 也不在少数。比如吴, 如果有人叫吴德, 本来"德"意义很好, 加上"吴", 总给人一点儿什么联想。再如傅、付两姓，某人如果做了正职，称呼加姓也似乎降了一级。再如贾，再好的意义，加上姓，也相当于数字前加了个负号。加之现在是网络世界，万一取名不慎，谐音不雅，传播很快，给人们生活带来困扰的事常有。

生活里，好多人叫我老程。老程这个称呼多么亲切。但是，如果某人姓宫，姓公，姓龚，换个女孩子喊喊看，一叫就挺尴尬的，总觉得让人占了便宜。还有姓朱的，喊小猪，带上儿化还显可爱，直呼老朱，或一个字朱呢？每一个朱姓朋友，都不会缺少与二师兄的玩笑吧。

还有些姓，因为不常见，容易读错。比如仇，读qiú，不读chóu；国安队有个中场朴成，读piáo，不读普；《水浒传》里鲁提辖投奔老种经略相公、小种经略相公，种，读chóng，不读zhòng。

姓很古老，人姓什么，自己决定不了。祖宗所赐，只好接受。有些姓氏，比如熊、苟、老、难、死、宰父等，虽然不甚好听，但都足够个性，真要遇到，只凭姓，就会马上让人记住。这是多少人梦寐以求的事情啊。是姓，都是客观的存在，只要人好，姓什么都差不了。您说呢？

读错，其实也可以避免

前些天，跟一些同事到密云古北水镇游玩。古北水镇里面一角，有一处大的院落，是镇远镖局。在某个小房子里展示着几件旧物，其中一件，人们不认识，旁边有字："戥子。"当时围观的七八个人，都不认识。

戥子是一种小型的杆秤。"戥子"这俩字，我以前确实是见到过，而且也查过的，可那天记不确切了。旁边有人在猜：xīng子吧？一个小姑娘莞尔一笑，"答案有了，读děng zi"。

汉字太多，估计没有谁没读错过。像"戥"这样的字，平常本来很少见到，即使读错，人们也可能发现不了。

不过，假如是一个人们耳熟能详的常用字呢？如果场合特殊，又正赶上你上课发言或汇报工作,这时就很尴尬了。

我高二的时候,英语老师是一个大学刚刚毕业的姑娘。当时学英语单词,有bare,赤裸裸的意思,英语单词后面,汉字写得清楚。偏偏这老师汉字掌握不扎实,上课时把赤裸裸读作了赤kē kē。我们憋住笑,偏偏有个小子较真,还不懂事:"老师,应该读赤luǒ luǒ,光着的意思。"美女老师面红耳赤。

有位老教师,学富五车。有一次,他进入新任课的班级。第一个环节,一如往常,点名。可刚刚开始,第三个名字就让他犯嘀咕了:覃可。第一字怎么读? tán?

他没有点这个同学,而是把他搁置,直接点下一个了。全班点完,这老师问:我点名漏人了吗?大家异口同声:漏了。谁?qín可。老师慈祥一笑:"覃可同学,你自我介绍一下。"

在老教师那儿,困难不叫困难,叫小小的考验。

汉字里的形似字也多。

前天坐车,一位女士打电话,说:"他很粗kuàng,这样粗kuàng的人,其实你应该看人家优点。"读错字,她也无感觉,粗犷,正确的读音应该是粗guǎng。

有一天,地铁上,两个外地朋友谈论北京,一口一个大zhà栏。殊不知,在北京,这地儿很有名,大栅栏读作大shí栏。

《岳飞传》里,金国元帅金兀术,怎么称呼?读作金wùzhú。历史名镇甪直怎么读?角直?错也,读为lù直。姓逄的,读作姓逢的?非也,逄读作páng。大月氏,读作大yuèshì?错也。大月氏,读作大Yuèzhī。

这些字,为什么这样读?有的是因为语音的历史演变,有的也许只是因为约定俗成。但不管是什么，它们有了自己的固定读法之后，人们就不能随意改变了。这些汉字读法的存在，当然给人们带来了一点儿麻烦，读错的几率太高了。但语言里存在这样的情况，不是很有趣吗？

简不断，
理还乱

天后不是天後

古时候有个地主识字不多，花钱捐了一个县官，上任第一天就升堂问案，下官递上犯人名册，又将犯人带上了公堂，第一个犯人名字叫再往俊，县官一看，心里纳闷：这个犯人名字怎么叫再往后？但为了显官威，便一拍惊堂木，大喊："再往后！"

再往俊一听，心里也很纳闷："以往县官都是先叫名字的，怎么这次却先叫我再往后？"但他还是往后退了一步，县官一看，心里想：怎么叫你的名字你却往后退？于是又一拍惊堂木，大喊："再往后！"再往俊一听，又退了一步。

县官很生气，心里说：怎么第一天就给我找麻烦？于是大吼道："再往后！"再往俊一看，知道动真格的了，便说："老爷，不能再退了，后面是墙了。"县官怒气道："我叫你的名字呢，你退什么！""小的不叫再往后，叫再往俊。"县官一听，脸就红了，说："俊个屁，一脸麻子！"

上面是一个关于汉字的笑话。估计有人纳闷，再往俊的"俊"与"后"，挺不一样啊，这县官怎么就那么眼神不济读错呢？其实，这里牵涉繁体字与简化字的问题了。

"后"，是上古称君主或帝王的妻子的汉字。用作皇后、天后的后很古老，到了汉字简化时，被直接拿来用了，皇后、天后继续是皇后、天后，表空间或时间顺序的"後"字也被简化为"后"了。"落後"不再，成了"落后"。"前後"不再，成了"前后"。就是说，本来只是同音的两个字"后"与"後"，共用了一个简化字"后"。

所以，"再往后"，其实原先作"再往後"。"後"与"俊"，长得相似，用现在的说法，形似字而已。现在，你明白为什么县官把"再往俊"读成"再往后"了吧。

皇后、天后不是皇後、天後。但因为简化，现在的个别人又喜好繁体字，于是，就真的有人把皇后、天后写作皇後、天後了。台球明星潘晓婷，台球打得棒，人也长得漂亮，被称为九球天后。九球是目前世界花式台球比赛时的一个重要项目。但有人把"九球天后"写作"玖球天後"，这就大错特错了。

"九"没有繁体字，"玖"是九的大写，一般只用于记账。"后"是两个字"後"和"后"简化后二合一的结果。

现在，简化字是规范汉字，但社会上特别是书法界用繁体的现象也很多。由于繁体到简体并不是简单的一对一，如果弄不太清楚，就很容易犯错误。

汉字简化是好事，但在某些具体字的简化上，也有各种问题，如"後"与"后"，两字简化为"后"即是一例。再如，"髮"与"發"都简化为"发"，"獲"与"穫"都简化为"获"，都引发了一点儿混乱。

头发的"发"，繁体作"髮"，出发的"发"，繁体作"發"，两个字原是风马牛不相及，但一简化，在某些个不懂却喜欢写繁体字的人那里，就出现了理"發"店。如果再喜欢皇后，整一个"皇後理發店"，其实也大有可能。

猎获的"获"，繁体作獲，形声字，以犭为形旁。收获的获，繁体作穫，也是形声字，以禾为形旁。现代人不懂，又一味好古，于是社会上也常出现用错的情况。猎获写作了猎穫，收获写成了收獲。

汉字简化过程中出现了复杂的现象，完全正常，关键是得学习。简化字是规范汉字，不随便用繁体也就不会出现用错的问题。如果实在想用繁体，还是别怕麻烦，查清楚再用好了。

不妨识繁写简

平常，我们总会接触些书法。书法家们写汉字的时候，常常喜欢写繁体字。繁体字笔画多，就艺术而言，写出来容易富于变化，比较美观。于是，有人说，你看，繁体字多优美，简化字破坏了汉字的形体之美，应恢复繁体字。

如果因为繁体字写出来更好看一点儿，而动辄喊废除喊恢复，未免简单化了。

繁体字平均笔画十六，简体字平均笔画不到十画。从繁体到简体，如果艺术性有所损失的话，正如简化字的"简化"二字所揭示的，损失的同时也有得到。容易写了，学起来简单了。

举个例子。比如"忧郁""乌龟"这几个字，让孩子们去写。简化字看不出什么，但换成繁体字试试呢？"憂鬱""烏龜"，别说孩子，即使大人，估计也得费很多时间吧？

文字是记录语言的符号，无论汉字，还是其他文字，越来越简单，那是符合发展逻辑的规律。汉字从繁体字到简化字，不过是汉字发展过程的一个阶段。

现在，祖国的港澳台地区依然使用繁体字。我国是一个历史悠久的国家，继承祖国优秀的传统文化，需要接触古书，所以传承本身也要求我们许多时候得用繁体字。当然，在书法艺术中，繁体字也运用得比较广泛。所以认识繁体字，无疑是有益处和必要的，而如果了解一点儿关于繁体字的知识，在特殊的场合能用上，而且用得准确，那就更好。

从繁体到简体，有的不是简单的一对一关系，需要特别注意。

我上高中的时候，有段时间对繁体字很感兴趣，动辄就写几个，有一次作文，我用到了"子曰诗云"一词。当时我灵机一动，云写作了雲，还相当得意地拿给同桌看。交上去，老师在雲字下面画了一个圈儿，写道：用简化字，别乱用繁体。我不以为然，向老师道：多么好看。

老师微笑着摸摸我的脑袋说："小伙子，你写错了。"后来老师告诉我，"雲"是"云彩"的"云"的繁体，却不是"子曰诗云"的"云"的繁体。原来，云在繁体里原本就有的，云和雲，简化字里合二为一，写作"云"。

我在学习过程中长了知识。这样的字其实还有很多。比如"醜"与"丑"：繁体字里，前者表示丑陋，后者是十二地支之一。再如"里"与"裏"："里"，表示故乡（故里）、计量单位（里程）、街坊邻里，"裏"则是指衣服的内层和物体的内部（里边）。子丑寅卯，如果写成"子醜寅卯"，那会怎样？故里，如果写成"故裏"，又将何如？

"千秋功业，谁人评说？""蹴罢秋千，起来慵整纤纤手。"千秋与秋千，简化字里是由同样的两个字组成的，顺序颠倒而已，但在古代，千秋是千秋，秋千却是鞦韆，不可以混用。如果你好古，非得爱用繁体，却写出功在"韆鞦"来，岂不是会贻笑大方？

汉字，无论是繁体字还是简化字，都是一个系统，有着复杂的一面。我们会认就很好，平常的时候，除非特殊场合最好不用。简化字够用，我们何必用繁体自惹麻烦呢？

记得有年回老家，本村的双印开了个饭店。特别大的饭店名字写在墙上，很远就能看到。但四个字中"双"却写的是繁体——"雙印饭店"。当时我与几个人同行，大家纷纷议论是什么印饭店。

选了个繁体，虽然好看一点儿，人家不认识，是不是也有点别扭了？如果用繁体影响到了交际，又何必呢？简化字是规范汉字，除了特殊需要，我们还是不妨识繁写简吧。

驴是有户口的马?

吕叔湘在《笑话里的语言学》里讲过一个故事。

明朝大学士焦芳的脸黑而长,很像驴脸。当他还没高升的时候,有一天对他的同事李东阳说:"您擅长相面,请您给我看看。"李东阳看了半天,说:"您的脸,左边一半,像马尚书,右边一半,像卢侍郎,将来也要做到他们那么大的官。"

焦芳开始还很高兴,可等他回过味来,才知道这是李东阳给他开了一个玩笑。明里夸他,实际是在损他。马尚书是马,卢侍郎是卢,马加卢,是驴也。有人可能纳闷:驴,不是马加户吗?有人玩笑说,驴是有户口的马。怎么你说驴是马加卢?

这其实是繁体字惹的祸。驴的繁体是驢,分别是马的繁体加卢的繁体，馬加盧，岂不是马加卢吗？所以，古代的笑话，按繁体字理解，笑得顺理成章，如果按简体字，理解那还得需要拐个弯儿。如果对繁简字没有一点儿概念，比如一个略懂汉语的老外，读这样的笑话，也许会如堕五里雾中。

按理，驴字由繁而简，写成马加卢更合乎逻辑，也更有系统性。不知道为什么最终成了马加户。大概是，民间早有驴这样的写法，从了俗的原因。文字的演化，有时也充满偶然，驴终于成为有户口的马。

如今，旅游大热，总有朋友喜欢背起背包，出去走走，甚至有潇洒者，很是豪放，说去哪就去哪，就是所谓说走就走的旅行。喜欢旅行的朋友，自称驴友。这主要因为旅行之"旅"与"驴"谐音的缘故，再加之驴子善于负重，也与有些朋友背起大包庶几相似。

无"心"还是爱吗?

　　心这个字,大概是平常用得最多的几个字之一吧。那些心字组成的词组,不少都是热词。有人的地方就有江湖,有心的地方就有眼泪。雄心信心,决心同心,追随梦想,相信未来;真心倾心,灰心死心,与情起伏,顺风飘荡。在老祖宗那儿,"心之官则思"(《孟子·告子上》)。

　　其实,把好多东西归在心的名下,纯粹是历史的误会。现代人都知道,大脑是人类行动的指挥部。心脏,不过是供血器官,主要功能是提供压力,把血液运行至身体各个部分。语言是历史的,有些东西约定俗成,大概只好将错就错。大家当然知道是大脑在想问题,但写东西的时候,"心想事成"的成语,也大可不必改为"脑想事成"。

心（♡）是一个象形字，模拟的正是心脏的形状。因为我们的老祖宗一直认为所有思想都由心出，于是与思维有关系的语言世界，就似乎与心结下了不解之缘。"心"在汉字里有三种模样：心、忄、小。表思想、表思念、表思维的很多字都从心。

忄的笔顺，现在要考你，估计很多人会出错。正确的笔顺应该是点点竖。而从小的字，如恭、慕、忝等，都与感觉相关，"恭"是心里敬重，"慕"是心里艳羡，"忝"是心里愧疚。

"爱"字，繁体是"愛"，是有心的，而简化之后，就"无心"了。于是，这个"爱"字，也成了某些人攻击汉字简化的佐证，说什么"爱无心"还是"爱"吗？乍看，好像很有道理似的，细想，其实似是而非。

从科学上来看，爱这种情感体验，本就是大脑的事，无关心脏，所以，如果非得较真儿，爱无心倒是科学的。而且，爱是一种情感体

怕只怕
爱也是一种伤害

不
只是不去爱
不
只是不敢爱

验，情感而言，都是由人，爱与不爱，厌恶或恨，都和人有关，与字有什么关系？

有人说，汉字比英文等优越，其中一点是汉字可以见形知义。这又是一种似是而非，认真研究起来也是问题很大。

比如从心的两个会意字"忐忑"。我们知道了忐忑的意义，再看它们的字形，好像很赞同汉字的见形知义，心上不上，下不下的，岂不是心里像十五只吊桶打水——七上八下，不安得很吗？但是，如果事先不知道这俩字的意义呢？比如，一点汉语都不懂的老外，他会知道"忐忑"的意思？即便老外认识上下还有心字，如果不知道"忐忑"的意义，他会见字形而知意义？见形知义在古代也不靠谱，到现在，更是言过其实。

"一"的前世今生

汉字里笔画最少的字只有一画。你猜到没有？有仨字，一个是一，另两个是乙和〇。比较一下，"一"最简单。所以，认字从"一"开始，是当然的事情。人们还常对孩子说，一道杠是一，二道杠是二，三道杠是三。聪明的孩子听到这里，往往大乐，抢你话说，四道杠是四。这时你便幸福地微笑，接着谆谆教导孩子：四就不是四道杠儿了。如果你有点学问，或许还会给孩子讲一个传统的故事——

从前啊，有个土财主不识字儿，他有个儿子到了上学年纪，财主找了个老师教孩子识字。老师教孩子说：一道杠，是一；两道杠，是二；三道杠，是三。财主儿子很聪明，一会儿就学会了，很高兴，急急忙忙跑到老子那里汇报："爸爸，学字太简单了，我自学就可以，不用老师了。"土财主一听很高兴，就辞退了老师。赶上有一天，财主想请朋友来家吃饭，便让儿子去写请柬。可去了大半天，不见写好，财主忙去看，却见儿子趴在地上，大汗淋漓，地上一堆纸，纸上一堆横杠子。儿子还一个劲儿嘟囔："姓什么不好，偏偏姓万。"原来，这位儿子是准备要写一万道横杠啊。

故事讲到这，孩子冲你咧开小嘴乐，你也对他微笑，屋子里，充满欢乐的气氛。接着你便继续教孩子认四五六了。你教的当然没错，但你可能不知道的是，先民造字的时候，四确实是四道杠的，只是数目越多，我们的老祖宗就遇到了故事中财主儿子同样的问题。用横杠造字本是求方便，但数字太大，杠太多，反而不方便了，于是才去想了其他方法。一、二、三，包括原本四道杠的四，都是用指事符号来表示数字，是指事字。

看看我们浩如烟海的汉字，好多好多字的形体里，都有"一"笔画。这些现在看起来一模一样的"一"，来源很多，绝大部分与数字"一"没有关系。他们的出身各有传奇，甚至有的本不是"一"，糊里糊涂地长成了"一"的模样。

段玉裁说，"一"之用甚多，故每分别解之。

有的字里，"一"是天。比如"雨"，水从天上哗哗而下。有的字里，"一"是地。比如"立"，从大立一之上，大是人也，一代表地。比如"旦"，太阳从地平线上冉冉升起。韭，菜长在地上，你看那"非"，多么像一丛韭菜啊。丘，地上凸起一块儿。"之"字，从一从止，下边的"一"，表示地。

有的字里，"一"表示位置。三个从木的指事字是这种情况，很有意思。木（木），象形字，模拟树的形状。木下面加个"一"，是本（本），树根的意思。根本，追本溯源，本源，本的意义都是本义。木上面加个"一"，是末（末），本义树梢。知道本末的含义，本末倒置、追本逐末的意义自明。木字中间加个"一"，是朱（朱），是树干。后来朱被假借为赤色，又造了株字。

有的字里的"一"，代表某种东西。如闩，门闩也，其中的"一"，正指门栓。如夫（夫），成年男子也，其中上面的"一"，指的是男子成年后头上插的簪子。如灭，灭火也，其中的"一"，指的是覆盖住火、压住火的某种东西。

有的字里的"一"，指某种状态。比如甘（甘），舌头上的那么一点儿状态。古人不能描述出甜的感觉，起初用一个点儿表示，后来变成了"一"。点变"一"的例子还有很多，比如日字里的"一"，开

如果小队长是一道杠
中队长是二道杠，大队
长是三道杠，那我这个
就是司令了吧。

始也是个点。古人表示一些不易画成其物的东西，往往用点，刀刃之"刃"，腋窝之"亦"都是如此，只是这俩字现在也还是点，没有变成"一"而已。

汉字里的好多"一"，都是汉字隶定的结果，有的甚至不能究其本，溯其源。这也证明了汉字越来越符号化的发展趋势。大部分汉字，已经不能见形知义了。

汉字里的一道横，前世长着各样的脸蛋儿，而今天，岁月磨去了它们的棱角，沧桑荡去了它们的色彩。本来，有的是天，有的是地，有的是具体的东西，有的是抽象的指事，却因为方框字的需要，最终九九归"一"。这是历史的宿命吗？我们透过历史的迷雾，看"一"的前世今生，清晰是美，朦胧其实也是美。

那些坑人的汉字

有一不说一

语言学里有所谓的隐语。在社会各行业内部，出于这样那样的需要，都有自己的隐语。它貌似一种密码，往往一个栈行有一个栈行的密码，一个行业有一个行业的密码。它不属机密，但又是机密。外行的人听不懂，内行的人听得懂，但又未必愿意讲给外行的人听。

据说，过去的古董业，用"由、申、人、工、大、天、主、井、羊、非"十个字表示十个数字，是根据汉字本身"出几个头"来决定代表的数字是几："由"，只有上边出了个头，代表"一"；"申"，上下一共出了"两个头"，代表"二"，依此类推。

而杂货业，用的是另一种办法，选取某些汉字的一部分表示：

平头、空工、眠川、睡目、缺丑、断大、皂底、分头、米丸、田心。平字之头，当然是一；工字中空，自是二；川字眠当倒下，三也；丑字缺一小竖，五也。其余的字，用类似方法推演。

还有用下面的方法表现的：丁不钩、示不小、王不直、罪不非、吾不口、交不又、皂不白、分不刀、馗不首、针不金。这是用的砍头去尾法。丁没有钩，岂不是一？示没有小，岂不是二？皂没有白是七，分没有刀是八。

还有好玩的，带点雅致。明代浙江杭州市井：忆多娇、耳边风、散秋香、思乡马、误佳期、柳摇金、砌花台、霸陵桥、救情郎、舍利子。清末江苏扬州钱庄：夜明珠、耳边风、散花、狮子猫、乌梅果、隆冬、棋盘、斑毛、舅子、省油灯。

上面两种，都是利用第一个字的谐音，和十个数字的发音相同或相似。只是多由方音，放到普通话里，声调不谐耳。

据说，过去僧人之间也流行数字隐语：大无人，一；天无人，二；"三"，王无中，或"王无棒"；"四"，置无直，或"罪无非"；"五"，吾无口；"六"，交无人，或立无一；"七"，切无刀；"八"，分无刀，或木无十，或穴无冠；"九"，丸无点，或鸠无鸟；"十"，针无金。

这些东西，与谜语无异，要猜得准，还真得有点儿功夫才成。这样的游戏，一旦到了文人那，则被玩出了风情与雅趣。数字一到十作谜底的数字诗，出名的当推宋代女诗人朱淑真的《断肠谜》：

　　下楼来，金钱卜落；

　　问苍天，人在何方；

　　恨王孙，一直去了。

誓冤家，言去难留；

悔当初，吾错失口；

有上交，无下交。

皂白何须问；

分开不用刀；

从今莫把仇人靠；

千里相思一撇消。

下，"卜"落，自然是"一"；天，人不知去哪儿了，自然剩下的是"二"；王字，一个"直一"去了，当然是"三"啊。依此法，下面分别是四五六七八九十。

与之媲美的，有清人顾春《玉房怨》，制谜方式与《断肠谜》一个路数：

元宵夜，兀坐灯窗下。

吾今舍口不信他。

论交情，曾不差。

染尘皂，难说清白话。

恨不得，一刀而断分两家。

可怜奴，手中无力难抛下。

我今设一计，叫他无言可以答！

数字在人们的生活里，须臾难离，而因为这样那样的需要，人们故意有一不说一。这当然可以说是一种语言的游戏，但考虑到生活的方方面面，有时这也是一种需要，并不是闹着玩的。

问问"我"是谁

哲学上高大上的问题, 包括我是谁, 我在哪里。古今中外, 很多伟大的哲学家, 都试图回答, 却很难有一个让所有人满意的答案。

其实, "我", 甲骨文字形为乎, 在古代本是一种兵器, 并非现在第一人称代词"我"的意思。如果不信, 你看看现在的"我", 与"伐""战""戟""戣"(kuí)这些打打杀杀的字长得很像, 都带有一个"戈"字, 说明"我"在古代与它们是近亲, 与现在的"我"意义相隔万里。

"我"这种武器盛行于商周至战国时期, 秦代以后逐渐消失。根据现藏于故宫博物院西周时期的青铜"我"和现藏于陕西扶风博物馆西周时期的青铜"我"来看，"我"的形状有点像《西游记》里猪八戒扛的铁耙子，只不过，二师兄是九齿铁耙，而"我"，三根齿罢了。

"我"是一种短兵器，装上长柄后才能用于战场上砍杀，那尖尖的三根刺砍将下来时，一般的皮甲胄都是难以保全的。

有段时间，人们称呼自身，使用的是"朕""寡人""不才""不佞""小人""贱民"以及"余""吾"等，这里面有的是人称代词，如朕、余、吾等；有的是谦称，如寡人、不才、小人等。当然使用最多的，还是"余""吾"二字。

那时候"朕""寡人"都不是皇帝的专用词，《尔雅·释诂》中解释说："朕，身也。"秦始皇统一天下后，规定"朕"只能是天子自称。至于"寡人"，原也不是皇帝专用，《诗经·邶风·燕燕》中就有"先君之思，以勖（xù）寡人"等，"寡人"后来才成了皇帝的专称。

"我"作为第一人称代词用，最早见于殷商时代的甲骨文中，当时的"我"作为代词用，指的是"我们"。"我"是怎样由兵器转为人称代词的呢？

应该是，在某个地区，民间称呼自身为wǒ的，只是有音无字，需要找个字来称呼自身，我们的老祖宗没有办法重新造新字，而是"依声托事"，找了个同音字代替。这就是假借。原来"我"是象形字，戈是古代具有代表性的武器，武士们常取戈自持，威武高大，气势非凡，以"我"表示自身，一点儿也不掉价，相反，衬托了自身的高大威猛。

从此，武器"我"被借走了，而且，刘备借荆州，再也没有还回来。"我"成了人类称呼自身、表示自我的最常用的代词。人人称我，

"我"大概成了最流行的一个词了。至于武器"我",从此备受冷落,只在比较古老的古籍里才可以找得到了。

我是谁,我在哪里,从古问到今。追问本身,包含了人类对自身的不满与疑问,也显示了人作为万物之灵的某种高贵。追问的意义,从来不在结果,追问的可贵,其实就在追问本身。

甲骨文　　金文　　小篆　　楷体

到处都是"人"

文字是人类除了语言之外最重要的交际工具。在汉字的世界里，我们随时都看得到人的影子。那一个个方块汉字，拨开历史的迷雾，到处都是人。

人是一个象形字，甲骨文里的人字为 ，分明就是一个人的侧身照。只不过演化到现在，成了一撇一捺。或许，你眯缝了眼，还能体察出人的样子，尚能体会我们老祖宗的智慧与神韵。

两手平伸，两腿岔开，"大"字，或许是人类摆出的第一个 pose。人为大，起初也许并不包含对人价值的思考，只是对"大"造字之初的真实描述而已。大亦象形，大（ ），与人的区别，也许只在于姿态：人是侧身，大是正面；大字胳膊平伸，而人，胳膊是自然摆放。当然，人字演变至今，已经不见“胳膊”。

“夫”字，由“一”和“大”组合而成。“大”是人，表示成年男子，“一”表示用来束发的簪子。按照古代礼俗，男子到了二十岁，就要束发加笄，表明他已经成年了。甲骨文和金文，均为一个束发插笄的人形。因此，“夫”的本义为成年男子。男子成年即可婚配娶妻。所以，“夫”又引申为丈夫，即女子的配偶。

还有一个字，与“夫”很像，至今也有人样儿，即“亦”字。大家知道，“亦”有“也”的意思。其实，此字是个指事字，“大”字下俩点儿，“视而可识，察而见意”，指胳膊底下的腋窝。“亦”字表示“也”，那是假借。“本无其字，依声托事”，本表腋窝的“亦”字被借走表“也”了，于是人们便想了其他办法，造了“腋”字。腋，从月（肉）夜声，是形声字。

另有一字，元（），字形大体也是人。下面的“兀”是人字的变形，上边一横是头，是个指事字。元首，首是头，元也是头，元首就是第一把手。孟子说“志士不忘在沟壑，勇士不忘丧其元”，后一句的意思，不怕杀头不怕死也。头为人的最上边儿，意为开始。元旦，为新年第一天；元月，是每年第一月；元年，某个时代第一年。

人很好写，但人生也难。人类从一开始就积极认识自己，但即便现在，有谁可以勇敢地说已经认识了自己呢？总有人说要做大写的人，这大写的人，之所以顶天立地，因为什么？大写的人，脊梁是笔直的，人格是闪亮的，脊梁与人格，支撑起一个像样的“人”字。

猴子还是大象？

猴子是可爱的动物，如果去动物园，熊猫可以不看，老虎可以不看，但猴山肯定得去，猴子一定得看。跑来跑去，跳来跳去，抓耳挠腮，猴子那样轻盈、活泼、调皮，总能让人忘记生活里的诸多沉闷，感觉到莫大的快乐。

汉字的世界里，也有猴子。比如"猴"这个字，形声字，从犭侯声。但关于汉字，牵涉到猴子的，最著名的，却不是这个"猴"字。

这个字是"为"字。对，就是为人民服务的"为"。"为"是现在通行的简体，"为"的繁体字是"爲"或"為"。这个字现在的用法很多，最常见的意思是"做、从事"。这个字怎么能和猴子扯上关系呢？

事情得上推到汉字的小篆时代，得找到东汉著名的许慎。在《说文解字》里，许老先生根据小篆字体对"为（鬻）"字进行了解释。《说文解字·爪部》："为，母猴也，其为禽好爪，爪，母猴象也，下腹为母猴形。"

　　此说一出，在学术界一直为人所怀疑。你说是猴还可以理解，怎么还是母猴？这母猴，是从哪看出来的呢？但怀疑归怀疑，人们一直找不到令人满意的答案。毕竟，许慎是东汉人，毕竟，《说文解字》是我国第一部字典。母猴就母猴吧，有什么办法。

　　直到甲骨文发现以后，怀疑才焕然冰释。甲骨文的"为（𤔲）"，左上方的"爪"所表示的，是伸出的一只手，其右边，则是一只头朝左拖着长长鼻子尾巴朝下的大象。如将甲骨文的"为"向左转动90度，就更清楚了，"为"字表示的是，以手牵象耳。

　　"为"是会意字，由"爪"和"象"两部分组成，意思是用手牵象进行劳作。罗振玉《增订殷墟书契考释》："为，从爪，从象，绝不见母猴之状，卜辞作手牵象形……意古者役象以助劳，其事或在服牛乘马以前。"

　　到了金文时代，"为"字仍然保持着"象"的形状。可到了小篆，事情起了变化，"为"字中的"象"讹变成一种莫名其妙的动物了。也许有那么一天，许慎看着"为"字，研究半天才恍然大悟：原来，"为"字是只母猴啊。殊不知，猜错了。

　　许慎把"为"解释为母猴，错把大象当成了猴。这貌似是个笑话。但这事儿也不怪许慎。当时，甲骨文、金文均已埋入土中，与世隔绝。没有看见真章，老先生只好凭小篆说解字形，而小篆形体构意已不明显，猜一打错一个，实在不足为怪。

还有，小篆"为"字中的"象"是直立着的，咱们怎么能够强求古人歪着身子看，或者把字放倒看呢？知道真相以后，一切变得简单。可知道真相之前，歪着身子看，把字放倒看，其实也不容易。

在甲骨文中，竖写的字还不少，如"舟（夕）""目（⌐）"等等。因而朱骏声说："古象形字，若舟车（⊕），若目马之类，横作竖作同也。"他的意思是说古代的象形字有许多横写竖写，意思是相同的。

汉字的方块化大概甲骨文时代就开始了。有个学者做了一个长方形的框架，然后选出上千个甲骨文字来套，发现甲骨文90%以上为长方形或准长方形。还发现甲骨文的形体均为竖长方体。为了适应这一规律，古人造字时便将"象"竖写。将"象"横写，会打破这一规律。

"为"字反映的，是人用手牵大象，从事劳役。这就说明，古代中原一带不仅有大象，而且人们曾经广泛役使过大象。大象能比其他动物执行更繁重的劳动，这是先民创造"为"字的一个现实基础。

"为"字本义为动词，意为"用手牵大象"，后来引申为做，继而引申为制作、创作，进而引申出很多义项。而"为"作介词用，那是由动词虚化而来的。

"为"字四笔，正确的笔顺是：点、撇、横折、点。您写对了吗？

骗子与马

现在的骗子太多了，简直无孔不入。我家老太太几个月前被骗子骗走了金耳环和一千块钱，还瞒了我们几个月。

把"骗子"两字写在纸上，瞪大眼珠子怒视它们。忽然想，这"骗"字，为什么是马字旁？马不是忠诚的象征吗？怎么和骗子、诈骗有了联系？想到这，我疑惑不已，随即从书架上搬下《辞源》《辞海》《汉语大词典》《方言词典》《古汉语词典》，一系列词典摞起来，一边查，一边想。最后在《辞源》的某页，好像发现了秘密一般，貌似明白了一点儿。

下面，且请大家把身体坐正，把耳朵支起来。

"骗"是形声字，从马扁声，本义和现在的"骗"没有一点关系。

骗，本义跃上马也。骗马，骗上马去，现在有的方言里也这样说。骗腿上车，是指抬腿上自行车。骗腿上马怎么就和骗子产生关系了呢？这就得看《辞源》上我的发现了。

《辞源》上"骗"字下有"骗马"一词。上面如此解释：骗马，一种马上技艺。……骑者以身下马，以手攀鞍而复上，谓之骗马。……后也指轻佻的行为。元代王实甫《西厢记》三本三折："你本是个折桂客，做了偷花汉，不想跳龙门学骗马。"

骗马，骗上马去就是骑马，由骑马联想到"骑人"，本是一种马上技艺，就渐渐有了轻佻意味。比喻乃是人类的一种思维方式，彰显了我们老祖宗极为强大的联想力。由轻佻行为，又逐渐引申为引诱，而"诱"字，你一见到，是不是就想到骗了？诱骗嘛。

梳理基本清楚，原来，这"骗"字以"马"字做偏旁，确实与马相关，但是与马的脾性、"道德素质"无关。马依然是忠诚的象征。马的名誉，因为"骗"字，貌似受到不公正的待遇。现在清楚了，不过是阴差阳错的历史误会。

"打"是什么意思？

学英语的时候，总有那么几个动词特别难学，义项多，组成的短语也五花八门。比如do、take、make等，老程虽是费了九牛二虎之力，也还是有不少内容常常记混。

这些动词，人们给它们起了个名字，叫万能动词。

汉语里也有这样的动词，"打"就是个典型。《说文解字》里说："打，击也。"本意是击打。这个字是形声字，从手丁声。"丁"现在已经不能表音，而"打"字意义的演化，有的也离本义"击打"很远。"打"，原本就像一棵小树，可是长了上千年，现在俨然参天大树了，枝繁叶茂，那些枝枝丫丫，有的整整齐齐，有的歪歪扭扭，就是打的各种义项。《现代汉语词典》里，作为动词，"打"的义项有24个，而有人统计，汉语中用"打"的词语有800多条。

"打"的本义还在用，可打人也可打狗，引申义也很多。猜个谜语，打一物，打一字；干个毛活，打毛衣，打毛裤；可以是买，打醋、打酱油；可以是玩，打牌、打麻将、打游戏、打球；白吃叫打秋风，砍柴叫打柴。还有打领带、打开水、打分、打针、打的、打电话、打雷、打印、打喷嚏、插科打诨……更有意思的是，找不上媳妇叫打光棍儿。

小小一个"打"字，从本义到各种引申义，把事情捋明白，也许有点麻烦。但意义的引申，由具象而抽象，从个别到一般，还是普遍的规律。"打"字由击打这种比较具体的意义，一步步引申，到比较泛化，凡可做的事，能"打"者越来越多。

"打"字的用法越来越多，套句俗话，罗马不是一天建成的。"打"字的有些意义渐渐不太好理解，其实，很早就已经有人注意到这个现象了。北宋的文学大家欧阳修著有《归田录》，是他晚年辞归闲居时所作。下面这段文字，就表现了这个文学大家的疑惑。

今世俗言语之讹，而举世君子小人皆同其谬者，惟"打"字尔。其义本谓考击，故人相殴，以物相击，皆谓之打，而工造金银器亦谓之打，可矣，盖有槌击之义也。至于造舟车者曰打船打车，网鱼曰打鱼，汲水曰打水，役夫馈饭曰打饭，兵士给衣粮曰打衣粮，从者执伞曰打伞，以糊黏纸曰打黏，以丈尺量地曰打量，举手试眼之昏明曰打试，至于名儒硕学，语皆如此，触事皆谓之打，而遍检字书，了无此字。其义主考击之打，自音谪耿，以字学言之，打字从手、从丁，丁又击物之声，故音谪耿为是。不知因何转为丁雅也。

欧阳修也不明白"打"字为何从手丁声，他动用了自己的联想力，认为丁乃击物之声。如此观之，丁在"打"字里也是表意的。与其把打当作形声字，不如把打分析为会意字。这样的分析貌似合理，但是北宋之于东汉，欧阳修之于许慎，毕竟相隔七八百年，语言的变化很大，以今律古，单纯靠联想靠猜，其实比较危险。

变幻莫测的形旁和声旁

我们生活在汉字之中，那些横竖撇点折构成的世界，充满了许多好玩的东西。

汉字大部分属于形声字。形声字的构成有两部分：意符与声符。意符，也叫形旁，表示这个字的意义类属；声符，也叫声旁，表示这个字的读音。举个例子，比如张，从弓长声，意符是"弓"，说明张这个字与弓箭相关，把弦绷在弓上叫张；"长"是声符，说明这个字的读音是"长"或近乎"长"。

语音自古及今一直在变化，所以，形声字的声旁到现在，有的已经不能很好地表示读音了。但形声字的系统性还是很强的，不了解形声字的知识，或对形声字的普遍性认识不足，都有可能对汉字的认识带来影响。

形声字的结构方式，或左右，或上下，或内外，形符与声符的位置大致有左形右声、右形左声、上形下声、下形上声、内形外声、外形内声几种。但有部分字的形旁或声旁位置特殊，需要特别注意。

形旁在一角。比如载、哉、栽、裁等字，都是形声字，其中戋（zāi）是声旁，形旁位于左下角：载从车，哉从口，栽从木，裁从衣。再如疆字，从土彊声，形旁位于左下角。赖，从贝剌声，形旁"贝"位于右下角。颖，从禾顷声，形旁在左下角。修，从彡攸声，形旁在右下角。荆，从艹刑声，形旁在左上角。佞，从女仁声，形旁在右下角。

声旁在一角。旌，从㫃生声。旗，从㫃其声。声旁都在右下角。繁体从（從），从辵（chuò）从声；徒，从辵土声，二字声旁皆在右上角。

形旁或声旁跑到字的某个角上，应该是汉字方块化的结果，一

般是为了照顾某个部分的特殊形体。比如"戈",形体本就空出左下角,把形旁放里面非常合适,也非常美观。其他很多字,也是这样的情况。

形旁或声旁不仅可以跑到某个角上,为了美观,有时还可以跑到另一部分的中间。比如辩、辨、辫、瓣,分别从讠、从刂、从纟、从瓜,辡(biàn)声,形旁位于声符的中间。哀,从口衣声,形旁在声旁中间。衷、裹、裹,衣是形旁,声旁在形旁中间。

形声字还有省形省声的情况,大体也是出于美观以及方块化的需要。如岛,从山,鸟省声。亭,从高省,丁声。釜,从金省,父声。珊,从玉,删省声。豪,从豕,高省声。如果不省,或者过于瘦高,或者过于宽胖,都不那么美观。

还有些形声字,形旁和声旁的位置反常,超出常人的预料。如"视",我很长一段时间弄不清结构,还问过自己,这个字为什么从礻(示),它与神究竟什么关系。

其实视是从见示声。那个礻旁是表音的,根本与神没有关系。类似的情况还有几个:到,从至刀声。祁,从阝(邑)示声。锦,从帛金声。钦,从欠金声。冯,从马冫(冰的古字,也读冰)声。和,从口禾声。

汉字里好玩的东西真是太多了,只要你用心去发现,有时好玩得都会让你大呼一声:啊,原来如此!形声字的好玩,是汉字某一部分的位置带来的,而兴趣往往从好玩开始。

林吉士的教训

今天看了一本清人笔记，吴炽昌的《客窗闲话》。书前的序里说，这是本笔记小说，其实，里面无非就是些奇闻逸事，是算不得好小说的，但作为消遣，也还不错。看第一篇《明武宗遗事》，我从中看到了有趣的语文问题。里面有这样一件事：

"有闽人林吉士者，好书古字，如以秋为秌之类。帝怪之，问所自出，林历举以对。帝书咊字与认，林不识。帝曰：'秋可作秌，和独不可作咊乎？汝读书少，未称词林之职，著回籍勤读三年，再来就试。'林谢恩出。"

大体意思是，林吉士任翰林院庶吉士期间，参加毕业考试时，因其考卷中用生僻字，引起武宗反感。武宗遂以其人之道还治其人之身，林吉士哑口无言，遂被皇帝取消分配资格，打回原籍，令其三年后再来完成毕业考试。此与现在博士毕业论文未能通过，而被延期毕业类似。

"秋"与"烁"，是异体字。也就是说这两个字的读音意义完全相同，只是形体不同。这样的字，如果放到今天，是在语言规范之列的："秋"是正体，"烁"是异体字，除非研究者，平常人是不需要都认识的。

在古代，当然没有现在这样的语言政策。但语言文字，约定俗成还是有的。从上文中的事例就可知，即便林吉士引经据典，"历举以对"，对林"好书古字"，不"规范"，皇帝还是"怪之"，并以其人之道，还治其人之身，写一"咊"字让林吉士辨认。"咊"也是"和"的异体字。

林吉士不就是用了个不规范的汉字吗？他所谓好书古字，故意把"秋"写成"烁"，只是卖弄一下罢了。因为一个字儿，被罢了官，林吉士也"够倒霉"的。而皇帝，当然是有些小题大做。

但是，话说回来，语文和人们的生活息息相关，如果卖弄妨碍了人与人之间的正常交流，就不大值得提倡了。林吉士因为卖弄语文而被皇帝赐回老家，实在也算是一种教训。

草字和草书

某县官写字潦草。有一次，他想买酒买菜招待客人，就批票让手下人去买猪舌，"舌"字写得过长，手下人误为买猪"千口"。跑遍各处寻买，只得到五百口。急忙回来哀求县官，愿减其半。

县官笑了："我让你买猪舌，你怎么认为是买猪千口呢？"手下人回答说："今后如果买鵞（鹅），千万写短一些，不要写作买'我鸟'。"

上面是一则很出名的古代笑话，一般认为是讽刺草字先生。这则笑话需在古代才有出现的可能。那时，字是竖着写的，因为竖写，才有舌字因为写得过长而被认作千口，鵞如果写得过长，让人读作我鸟的事情发生。鵞是鹅（鹅）的异体字。

现实生活里，这样的事例也有。某年，班上有一刘姓同学，写字特别松垮。他的名字最后一字是坡，经常的情况是，坡不像坡，倒像土皮。于是乎，本是刘坡，却常被喊作刘土皮。

字往往有两部分或三部分，总能切分。既然他写得一字像俩字儿，同学与他玩笑几句，也可理解。

写字潦草，影响交际，影响生活。但是，如果上升到艺术，比如书法，草书倒是难得的飘逸。每次看到那些草书作品，那种笔走龙蛇、一挥而就的潇洒，常常使我神往。

有一次，我偶然看到张旭的《肚痛帖》，虽然瞪大眼珠子，却通篇只认出一个痛字。但这一点儿没有影响到我欣赏仰慕的心情。

《肚痛帖》，全帖六行三十字，似是张旭肚痛时自诊的一纸医案。文曰："忽肚痛不可堪，不知是冷热所致，故服大黄汤，冷热俱

有益。如何为计。旭。"

那豪放的草书，应当是刷刷几笔，瞬间写成。开始时，还能写得粗看出点儿字形，越到后来，简直就只看见线条的飞动了。肚痛，一挥而就一篇传世佳作，这是何等浪漫的肚痛啊。

不过，草书是艺术，我们平常写字，却常常不是为了艺术。考试写得清楚，老师看得明白，该给的分数自然会给。而潦草的字呢，老师看清楚都难，能给分数的也有可能不给分数了。

大概，大夫的字儿最难认了。为什么大夫的字不好认，引起很多朋友共鸣。实际上，特别是大医院，每个大夫每天看那么多病人，写病历不快怎么行。而一快，也就潦草起来了。

草字不是草书，我们既不是草书家，也不是大夫，还需要好好写字。

女部字里的性别歧视

　　"女"是个象形字。甲骨文"女"（𢓊）像一个屈膝跪坐、娴静地交叠着双手的人。这种姿势，多么谦恭与温驯，相比"人"与"大"的象形字，美丽的四肢是不是都有了曲线？人，侧身人形，何等飘逸。大，正面人形，多么端庄。女字本身，反映了造字时代女性的惯常姿态，也反映了造字者对女性角色的定位与期待。女性的地位是不是可见一斑？

　　再看几个女部会意字吧。妻（𡚾），一只手抓着女人的长头发；妾，从辛（qiān）从女，"辛"是犯法的意思，妾的本义是女奴隶。妥（𡠗），上面一只爪子，手也，用手抚摸女子来安抚她。安，屋子里有个女子就安定了。妇（繁体为婦），一个女人拿把扫帚在打扫卫生。这些字里的女性，都是被动的，反映了男主外、女主内的历史，也活画出女性生活的各方面。形声字中的女部字也好不到哪里去。女部字表示的词，意义好的大概是那些称呼，妈、娘、姑、姨、嫂等，那是人可爱，其实与字无关。除了这些，汉字里对女子的歧视俯拾皆是。

比如"丑"字，其繁体"醜"有时也写作"媿"，意思是说女人长得像鬼一样。

比如人类的普遍弱点、缺点甚至劣根性，硬是压到了女性头上。偷盗，应该是男女皆有吧，但"偷"字原来写作"媮"。按理说，男人忌妒起来一点不比女人逊色，这顶多可算是人类普遍的弱点，但忌妒的同义词是嫉妒，两个字都是女字旁。通奸，按说男人责任一点也不比女性小，实际上没有西门庆也不会有潘金莲，但你看看"奸"字怎么写？从女干声。三个"石"是磊，三个"水"读淼，三个"女"呢？姦。怎么读？jiān，居然是"奸"的异体字。还有奸淫的"淫"，原是写成"婬"的。再如"妖"，难道没有男妖？男妖的"妖"也是女字旁。再如"娶"字，会意兼形声，把一个女人取走，是不是像快递啊？女性难道是什么物品？

女部字里的性别歧视是一种客观存在，它记载了一段久远的历史。有时，我们面对汉字，就是面对着历史的某些沉重。

你姓什么?

这段时间,又给好几个孩子起了名,都是随父姓。子女从父姓,在国人看来,天经地义,顺理成章。

以前的女子,不上学,有的没有名字,即便有名字,出嫁之后,也极容易把名字丢失。嫁鸡随鸡,嫁狗随狗,有的得在自己的姓前加上夫姓。我的奶奶,当年就被称为程牛氏,甚至奶奶死后,牌位上也是写的程牛氏。

不仅不识字的老百姓如此,以前的上流社会,也有加夫姓的习惯。比如在某些文章里,宋美龄被称为蒋宋美龄,胡适的夫人被称为胡江冬秀。

可见,称呼女性为某氏、某某氏,在以前的中国是习以为常的事。以致相声里以此开玩笑说，姓洪的嫁个姓西的，叫西洪氏（西红柿）。老程也曾学这个游戏，戏谑自己的姓，姓程的嫁给姓方的，叫方程氏。

女权服从男权，历史悠久，在社会文化里有些遗存，实在不是什么新鲜事。然而，正如人类历史上女权先于男权，母系先于父系一样，"姓"的本义，却是女权的。它是指源于同一女性祖宗的族属所共有的符号标志，也就是古人所说的："姓者，统其祖考之所自出。"

在母系社会，人们只知其母不知其父。为了把氏族区分开来，"姓"应运而生。"姓，人所生也"（《说文解字》），"姓"字从女从生，表明了出生的血缘关系，清楚地说明同姓的人都是一位女性祖先的子孙。当时，同姓之间不能通婚，姓还起着"别婚姻"的作用。"男女同姓，其生不蕃"（《左传》）。

我国最早从女而成的姓有十几个，如姚、姜、姬、姒等，往往表示某一氏族的居住地或崇拜的图腾。这些姓都相当古老。

氏族发展到一定程度，就会分解，由姓衍生出它的一系列分支——"氏"。"氏"（イ），甲骨文字形像物体欲倾倒而将其支撑住的形象。到了父系社会，氏则为父系氏族或部落的标记。进入阶级社会，"氏以别贵贱"，氏成为贵族男子的专称。中华民族始祖炎黄二帝的姓氏分别是"炎帝列山氏，姜姓"和"黄帝轩辕氏，姬姓"，这就表明，按母系血缘关系，他们分属姜姓和姬姓，但又分别拥有表明自己父权家长制首领的氏称。

命氏之法主要有：诸侯以受封的国名为氏，卿大夫以所赐的采邑为氏，有的以职官为氏，有的以居住地为氏。

春秋战国时期，整个社会发生重大变革，姓氏制度也出现混乱，姓氏逐渐混同。现今的姓氏，多数确立于春秋至秦汉时期，有的则更晚一些。姓和氏之间的远古概念和差别已经逐步消失，人们干脆把姓氏合一，"姓"开始成为姓氏的总称。

人姓什么，自己说了不算。中国人重视姓，向来讲究行不更名坐不改姓，而且特别重视姓氏，以至于男人入赘，孩子姓了母姓，很多人无法接受。而语言里骂人，说某人任性到家，好多人会说，你还知道自己姓什么吗？

我姓花
叫花无缺

双兔傍地走，
安能辨我是雄雌

汉字里的双胞胎

汉字里的相似字不少, 有的很不容易辨认。有人把一些相似字形象地称为双胞胎。双胞胎长得像, 极易混淆, 但毕竟各有不同。错认, 也许只是熟悉不够。与他们多接触一些时间, 多看他们两眼, 也就在同中发现不同了。

比如"汩"与"汨", 乍看一模一样, 顶多胖瘦不同罢了。但其实, 胖瘦不是书写造成的, 这是两个不同的字。前者读作gǔ, 它右边的偏旁是曰, 读作yuē; 后者读mì, 右边偏旁是日。发现胖瘦, 并注意区分, 就混淆不了了。

再如, "汆"与"氽", 貌似几无区别。但如果瞪大眼睛, 就会发现, 前者是入水, 汆, 读作cuān, 是一个会意字, 汆是一种烹调方法,把食物放入水中稍微一煮，即为氽。氽丸子，就是把丸子放入水中煮熟。后者是人水，读作tǔn，也是一种烹饪方法，油炸的意思，如油氽馒头。

有些字因为笔画多，现在简化了。但它们的繁体字有时候也会用到，在特殊的情况下，也容易让人看走眼。比如，尘与麈，一目了然。但尘的繁体字塵与麈，你不仔细看，很容易看不清楚。塵，上是鹿，下是土，会意字，鹿在土上跑，自然尘土飞扬。而麈，形声字，从鹿主声，在古书上指鹿一类的动物，其尾可做拂尘，如麈尾。麈尾与拂尘，麈尾从形象得名，拂尘从意义入手。换成繁体，麈尾与拂塵，塵与麈是不是很容易混淆？

有的字，在生活中如果没有另一个相似的字，几乎消亡。因为另一个字常用，其双胞胎自然也被常常提起。比如壸，读作kǔn，指古代宫中的道路。现在，宫殿既然不存在，壸也就没有意义了。然而，这个字，常常被人提起与壶类比。壶与壸，长得太像了，仔细区分，才见分晓：壶下面是业，壸下边是亚。拿这两个字类比分析形似字，可以先考一考别人，总很有趣。然后再讲分别，实在细微，也很有趣。

如果以人比附，其实汉字中也还有多胞胎。

氏与氐，礻与衤，本来只有一点之别。这几个部分两两组合，自然也是极像：祇、祗、祇、袛。诸君瞪大眼睛看看，是否区分得开？礻加氏，祇，读zhī，敬，恭敬；礻加氐，祗，读qí，古时候对地神的称呼；礻加氏，祇，读zhǐ，同只；衤加氐，袛，读dī，短衣。四个字，没有一个是常用字，我们平常自然没有必要记住。但是在特殊的时刻，比如读古书，比如参加汉字听写大会之类的节目，注意区分就有了一些必要。

在简化字里，书画昼尽，这四个字的区别很明显，但试着把四字恢复繁体字：書畫畫盡，你是不是就有点看晕？从区分度这个意义上说，简化汉字还是有好处的。

双胞胎也罢，四胞胎也好，都是人们对形似字的一种形象的称呼。形似字给人们带来了不便，也给人们带来一点克服困难的乐趣。但文字本质上是一种工具，简单方便从来都是人们选择时的最重要参照。

别怪我们长得像

小时候，一位小伙伴有一对双胞胎舅舅，在我们看来，他们长得一模一样。我的小伙伴就常常认错。我们都很好奇，长这么像，怎么辨认呢? 有机会我们见到了小伙伴的姥爷，问起这问题，老爷子一笑，他俩不一样啊。说起那哥俩儿的不同，居然有好几条。

双胞胎，在我们看来没有区别，在父母眼里却区别明显。其实，汉字里也有这样的兄弟。它们形体相近，差别很细微，我们称这些字为形似字。如果不注意，认错用错都有可能。但是，如果我们对这些字熟悉得如同父母照看婴儿一般，问题就不会太大，它们其实比双胞胎好认得多。

形似字意义不同，出身不同，只不过随着时间的推移，字形演变，渐渐趋同。比如，己已巳三个字，现在看区别甚微，小学老师教孩子，大多是让孩子硬记：不堵是自己的己；半堵是已经的已；全堵是巳蛇的巳。其实，三个字来源各异。

己（己），象形字，甲骨文字形像绳曲之形。"己"是古"纪"字，假借作"自己"用。已（已），象形字，为盘曲的蛇形。巳（巳），象形字，甲骨文字形像在胎中生长的小儿。绳子与蛇本有相似，现在还有"一朝遭蛇咬，十年怕井绳"的俗话。而胎里的小儿，蜷缩着身子，其轮廓也极像一条小蛇。

这几个字，虽然出身各不同，但一诞生，就拥有了相似的基础。长得太像了。

再看另外五个字，戊、戌、戍、戎、戒。这五个字历来容易混淆，以致小学老师教学时，发明了口诀来帮助记忆："横戌点戍戊中空，横竖交叉定为戒。"这五个字，都与戈相关，或多或少牵涉军事。己已巳三字各有所出，撞脸而已，而这五个字确实有相同的血缘。

戊（戊），wù，象形，描绘的即是斧钺的形象，本义为武器、军械、军备。戌（戌），xū，象形，描绘的是一种广刃兵器，类似于今天的斧头，本义是一种长柄的斧钺类古兵器。后来，戊成天干之一，戌成地支之一，"戊戌变法"的事件，让这两个字更多地走进历史，也更多地走进人们的视野。戍（戍），会意，从人持戈，本义为防守边疆，戍守，戍卫。戎（戎），róng，会意，从戈从十。"戈"是兵器，"十"是铠甲的"甲"，本义为兵器的总称，引申为军事。有投笔从戎、戎马倥偬的成语。戒（戒），从廾（gǒng）持戈，会意。小篆字形，上面是"戈"，下面像两只手（即"廾"）。两手持戈，表示防备、戒备。因为《西游记》里有猪八戒，此字人们更熟悉。

从区别度上说，文字越易区别越好，所以，形似字多，应该算不得汉字的优点。但不管是优点还是缺点，汉字里有不少形似字，这是汉字的一个特点。这是一种客观存在。我们应该正视，进而想出办法解决问题。

比如辩、辨、辫、瓣几个字吧。了解了汉字的结构规律，就没有必要硬记。三字皆是以辡（biàn）为声旁的形声字。辩从讠，辨从刂，辫从纟，瓣从瓜，声符之外是意符，表意义。联系意义，字形也容易识记了。

晋代葛洪《抱朴子》中有："故谚曰：'书三写，鱼成鲁，虚成虎。'"《吕氏春秋·察传篇》："有读史记者，曰：'晋师三豕涉河。'子夏曰：'非也，是己亥也。夫己与三相近，豕与亥相似。'"上述两则材料，交代了成语鲁鱼亥豕的出处。把"鲁"字错成"鱼"字，把"亥"字错成"豕"字。鲁鱼亥豕，指书籍在撰写或刻印过程中的文字错误，现多指书写错误。

汉字数量很大，其中的形似字也多，运用过程中，鲁鱼亥豕这样的情况也属正常。但汉字自有系统，包括字形、读音，还是有些规律可循的。掌握必要的知识，了解纷杂现象背后的规律，就有可能避免问题发生，也会让我们的教与学都省些力气。

别怪我们长得像，睁大眼睛好好看吧，其实，我们不一样。

天上挂着一块肉

天上一个月亮，水里一个月亮。天上的月亮在水里，水里的月亮在天上……这是一首歌，叫《月之故乡》。

月亮挂在天上，很美的画面。古人望月常常感慨万千，进而诗兴大发。月亮或圆如轮，或缺似钩，或悬于空中，或映于水里。其实，月亮都印在人们心里，都是人心里的一幅美画。

汉字的天空，也常常挂着月。"月（☽）"字，就是模拟月牙儿的形状。人们翻书观字，见月也难免生发美丽的联想。

汉字中有不少以"月"作偏旁的字，一般统称为月字旁，和月亮相关。不过，月字旁的字，数量不多。日月当空，是明。朔，指新月，月初。望，满月，后指月中。

有人发现，凡是"月"在右边的字都是"月字旁"，"月"在左边的"月字旁"的字只有"朦胧胱胱"四个。

看到这里，也许你已经有些迷惑了。月字旁不是很多吗？只就身体而言，脸、脖、胃、肺、肝、肠，一摸就是一个，太多了啊。

各位莫急。这些字从月不假，但这些字的"月"和月亮却没有什么关系，指的不是天上的月亮，而是"肉"。这个"月"，我们把它叫作"肉月"。

原来，在小篆字形中，"肉"（⊘）和"月"（⊘）的写法极其相近。做偏旁的"肉"变得越来越像"月"，人们写着写着就把二者混淆了。这样一来，文字的天空挂满了月，却都是肉的气息了。

表示身体器官名称的字，大多从月，不是身体器官，有的也是肉。

脍炙的脍，切细的肉，从月（肉），会声。食不厌精，脍不厌细。古

猴子为什么捞月

亮？也许是
因为月亮
像香
蕉吧。

人也不都是梁山好汉，喜欢大口喝酒大块吃肉。炙，烤熟的肉，从月（肉）从火，肉在火上。这大概就是现在人们爱吃的烧烤了吧？

"脍"和"炙"都是人们爱吃的食物，脍炙人口比喻好的诗文受到人们的称赞和传诵。把诗文比作肉，这真是古人的大智慧，是吃货的荣光。

另外，现在的汉字里，还有几个字从月，但"月"既不是月亮，也不是肉。那是什么？那就是错进错出的误会。由于隶化过程中字形讹变，这些本来与"月"无关的字也变成了月字旁。或源于"丹"，如青；或源于"舟"，如朕、前。而"朋"，象形字，一说像串贝之形，一说像凤之形（朋乃凤之本字）。

汉字形体的演化，基本上都有规律可循，但是有个别例外，也属于正常现象。

精美的石头会唱歌

要从汉字中找个最好的字儿，估计每人有每人的选择，萝卜青菜，各有所爱。

我说的这个字，是玉，含"玉"的好词，简直太多了，不胜枚举。只就成语说吧，珠圆玉润、冰清玉洁、抛砖引玉、玉汝于成、玉树临风……个儿顶个儿，充分彰显了玉的高端大气上档次。

玉字不仅为我一人喜爱，多少作家也爱得一塌糊涂。四大文学名著之一《红楼梦》里，如果没有了宝玉、黛玉、妙玉，你想想那还是《红楼梦》吗？

基于此，老程不仅是喜爱而且是大爱这"玉"字了。有个兄弟，名字比我更"玉"，他家大叔给他起名玉珏。珏，你认识不？别读玉

啊, jué, 意思是合在一起的两块玉, 会意字。

把珏读错的, 大有人在, 而不知珏字从玉的, 应该更多。或许更多的人觉得, "珏"字的左边是王字旁。现在看的确也是王的变形, 不过, 此处之王, 不是大王、小王之王, 是玉也。从汉字形体的演变过程可见, "王"与"玉"的小篆字形就已经很难区分了。

甲骨文	金文	小篆	楷体

甲骨文	金文	小篆	楷体

汉字里，王字旁的字很多应该是玉字旁。玥、珍、珠、玛、瑙、珊、瑶……且举几例，稍作分析吧。

瑕，"瑕"是形声字，左形右声，意思是玉上的斑点，美玉无瑕。知道这点，就搞不混瑕和暇了。"暇"也是形声字，从日，空闲也。闲暇，没有时间闲个甚？而说瑕，自然会想到瑜，瑕不掩瑜。瑜，玉也，玉有斑点，也掩饰不了玉的光辉。

碧，从玉从石，白声，本义为青绿色的玉石。民间有个字谜，说：王大嫂，白大嫂，坐在石头上捉跳蚤。谜底正是这个字。不过，这样拆字明显没有学理，容易误导别人，容易让人认为"碧"是会意字。

精美的石头会唱歌。这曾经是首特别出名的歌曲的歌词。其实，玉，就是这样的石头，它也会唱歌。一片冰心在玉壶，唱的是纯洁；玉如纤手嗅梅花，唱的是剔透。一个是阆苑仙葩，一个是美玉无瑕，演绎的是悲，迷人的是爱。

竖起你的耳朵来

提起《西游记》，师徒四人的形象大家都很熟悉。

其中，猪八戒最有个性、最漂亮的就是耳朵了。一边一个，忽闪闪，颤悠悠，让人一看就喜欢。在《西游记》中，八戒被揪耳朵当是最好玩、最有趣的了。

人也有耳朵，人造的汉字里也有耳朵。耳字正是模拟耳朵形状的象形字，好多汉字，或左或右，都有耳朵旁。

"耳"是象形字，甲骨文象形为 ∅，直接以"耳"为偏旁的字，有的肯定与耳朵相关，比如取、闻、聆、聪等。或是会意，或是以"耳"为形旁的形声字。闻，从耳门声，听到，表听的结果，有个词叫"听而不闻"；聪，从耳总声，耳朵好用，叫聪。眼睛好使，叫明。有个词叫

"耳聪目明"。聆，从耳令声，聆听，聆即听也。

取，从耳从手，会意字。本义是手拿耳朵。

"耳"作为偏旁，也有的是在形声字里充当声符。如洱海的洱、诱饵的饵、佴、铒、刵，等等。

人们更熟悉的是耳朵旁"阝"。耳字旁的字不少，但绝大部分与耳朵意义无关。这都是汉字形体演变的结果。演变有不合逻辑的地方，但也有相对的系统性。人长耳朵，左右各一，大概受此启发，汉字里的耳朵旁，根据所处位置，人们也习惯分为左耳旁和右耳旁。都是一个写法，来源却迥异。本不是双胞胎，却阴差阳错，撞了脸吧。

左耳旁，位于字的左边，如阵、防、陈、队、隧等。在楷书中，左耳旁是把原来从"阜"的字中的"阜"字变形，变形为"阝"，写在字的左边。"阜"（𨸏），甲骨字形像山崖边的石磴形，用以表示地势升降等意义，本义土山。从"阜"的字多与山有关，例如"阳"，从阜，本义山南水北。例如"陵"，从阜，本义山丘。

右耳旁，位于字的右边，如邓、郴、邱、邺、邹、郎等。在楷书中，右耳旁是把从"邑"的字中的"邑"变形为"阝"。"邑"（𨙻），会意。上为口（wéi），表疆域，下为跪着的人形，合起来表城邑，本义国。从邑的字多和地名、邦郡有关，例如"邻"（鄰），从邑音粦，本义为古代的一种居民组织，五家为邻。

耳朵旁分左右，左右来源不一。考察"阜"（𨸏）与"邑"（𨙻）二字的小篆，它们还是有些相似的，所以，它们最后的趋同，正如"月"与"肉"，同样应该是小篆隶定的结果。历史发展，充满着这样那样的偶然，表面上看，有时无序甚至混乱，但透过历史的迷雾，我们可以窥见一点儿真相。无序的背后，也有某种规律。混乱，也许只是因为我们还没有走进历史。

有各样的面孔，就有各样的耳朵。耳朵分为左右，左右各有章程。左耳旁是"阜"，右耳旁是"邑"。美丽的"阜"与"邑"，竖起你的耳朵来，让大家在汉字的五官里，摘下你的神秘面纱，看个清楚，理个明白。

两个人的世界

汉字里到处是人。一"人"为"大"，弄俩小点儿，亦，就表腋窝，多么好玩。一人如此，二人怎样？不少会意字，正是两个"人"的结合，相当有意思。这样的结合，你可比作兄弟，也可比作夫妻。汉字背后，有浪漫，有背叛，有这样那样的故事。故事，借了想象力，才更精彩。

两个人站在一起，并（ ）。看到古"并"字，会想到学生罚站。两个小家伙儿犯了错误，站得笔直，在罚站的光辉岁月里结下兄弟般的友谊。并肩，肩并肩地挨着，如并肩作战，如并肩携手。并蒂，指两朵（及以上）花并排地长在同一根茎上。如此看来，这"并"字的古写法，倒也像一对恋人，并排而立，接受祝福的样子。

两人一前一后，从（𠈌），意思是跟从，顺从。从字的形体来看，依据中国传统，也许你更多地想到夫妻。夫唱妇随，三从四德，从一而终，太多的词语指向了男尊女卑。这是语言文字对某段历史的真实反映。但如今已经不一样了。

两人并排一起走，比，甲骨文字形为𠈌，像两人步调一致，比肩而行。它与"从"字同形，只是方向相反。《说文解字》中说："二人为从，反从为比。"有比目鱼，鱼眼两个并排长在一边。有比翼双飞，两只鸟儿并排一起飞。就两个人而言，比如夫妻，比，较之于从，更见平等。无论男先女后，还是女先男后，东风压倒西风，抑或西风压倒东风，毕竟不如平等来得和谐。什么事不能商量着来呢？找个傍晚，夫妻携手散步，交流思想，畅谈儿女，不亦温馨乎？

两人背对背站立，北（𠈌），背的本字。这或许有点像兄弟反目，也或许有点像夫妻闹了矛盾。兄弟好时，恨不能穿一条裤子，一旦反目，分道扬镳，各奔东西。殊不知，君子之交淡如水，对朋友而言，近不可腻，远不可疏，重要的是长远。而夫妻呢？夫妻建立在信任基础之上，夫妻本是共同体，相依为命，为什么要相互猜忌、彼此不留空间，而终于导致矛盾不能解决，甚至各走各路呢？而所谓的背叛，所谓"夫妻本是同林鸟，大难临头各自飞"，多少反映了道德与责任的某种缺失。"北"字被假借为方向之一，这就让我们一下子找不到"北"了，只好另造"背"字表示本义。

点小世界大

先给大家猜个字谜，据说没有一定的智商猜不出。谜面是：一竖一边一个点儿，打一汉字。

你大眼一眨巴，哈哈，刚说了小嘛，小。"小"字，中间是竖勾儿，不是竖。

你大眼又眨巴两下，果真啊，一竖一边一个点，那是啥？告诉你，卜，萝卜的"卜"，占卜的"卜"，俩音一个字形。

其实，这字谜重点不是拆字，重点是脑筋急转弯。一边一个点，一般的理解是一竖两边各一点。而这个字谜偏不这样理解：一边就是在一个边，一点儿，就是真的一个点儿。

字谜耍了个滑头罢了，而我所说的点小世界大，也不是猜字谜，借这个噱头说话罢了。

汉字是由点、横、竖、撇、捺等笔画组成的。这轻轻一点，似乎简单至极。点的背后，好玩的东西多着呢。

汉字里面的点儿是什么？不同的字不一样。

先看一个点儿。鸟（鳥）字里的点，指鸟的眼睛，而乌（烏）字，乌黑之乌，是看不到眼睛的鸟儿。鸟儿乌黑，岂不是不容易发现眼睛在哪儿吗？鸟，象形字，乌，是一种特殊的指事字。古人造字，还真是有智慧啊。"日"字，其中的横在甲骨文字形⊙里，原是一点儿，代表太阳。"刃"中的点儿，是指刀刃。"亦"字，人两边各一点儿，指人的腋窝。鱼，繁体字"魚"，下面的四点儿，是鱼尾巴，鱼字甲骨文字形为，慢慢演变，尾巴变成了四个点儿，最终又成一道横儿。

两个点儿的偏旁，俗称两点水，是古冰字，凡两点水做偏旁的字，都与寒冷有关。冰、寒二字不说了。凉、冷、冻、凛、冽等，哪一个都温度不低。不是嗖嗖的小风吹，就是纷纷扬扬的大雪飘啊。

三个点儿的偏旁，也就是三点水，我们就更熟悉了。这是"水"字的变形。凡从氵的字，都与水有关。从氵的字太多，江河湖泊，波涛汹涌，清澈浑浊，不一一说了，但说一个"溢"字吧。这"溢"字，水漾出之意，其实有两个水。但意义的由来，并不是因为水多就表达"溢出来"。这个字是形声字，从氵益声。表示这个意义的本字是"益"。益（益），会意字，从水从皿，水满自然从器皿中溢出。"益"字被借作他用，才又造了形声字"溢"。

四个点儿的偏旁是灬，"火"的变形。"火"的笔顺，好多人写错，记住了：点点撇点。从火的字，多与火相关。有的直接用火字旁，会意形声皆有, 灾、炙、烧、烤等。有的用灬, 差不多都是形声字, 热、烈、烹、熬、煎、煮、蒸等, 离厨房的距离都不远吧?

还有一个"黑"字。黑(黑), 会意, 小篆字形, 上面是古"囱"字, 即烟囱;下面是"炎"(火)字, 表示焚烧出烟之盛, 合起来表示烟火熏黑之意, 本义黑色。还有一个"然(然)"字, 本是"燃"的本字, 烧也, 会意兼形声, 从灬从肰, 肰亦声。肰读rán, 是狗肉的意思, 下面加火以烤狗肉, 本义燃烧。因为假借"然"为代词, 而后造"燃"字。

有四个点儿而不是"火"的字, 比如鱼, 比如燕, 比如杰。鱼上文已说, 燕(燕)也如鱼, 也是象形字, 四点是燕子尾巴演化而来。"杰"字, 是"傑"的简化字。傑, 形声, 从人桀(jié)声, "杰"为"傑"的俗字。"杰"下四点是什么意思, 查了半天, 也没弄清楚, 只好留待以后了。

当然, 我们还常用到六个点儿, 你说是什么? 省略号呗。

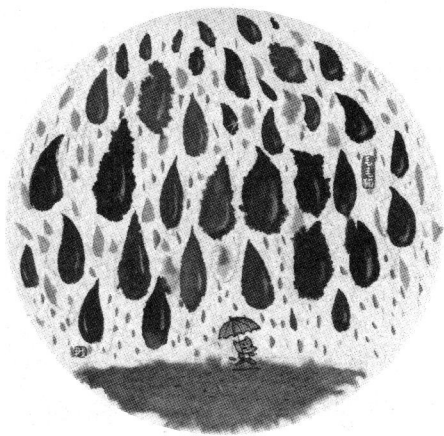

荼、茶、茶

古代史料中，有关茶的名称很多，有荼、茗等。《尔雅·释草》中说："荼，苦菜。"

荼，古书上认为是一种苦菜。《诗经》中有"谁谓荼苦，其甘如荠"、"采荼薪樗"的句子。荼生长在山田或沼泽，初春生苗，茎中空，开黄花，和野菊相似，其种子附生白毛，能随风飘扬。

荼是草本，故字从草，余声，是个形声字。荼虽苦，但也可以泡水喝，就像现在的野菊花。现在有词曰如火如荼，其中的荼，不是苦菜，是"茅秀"，即茅草、芦苇之类的白花。茅秀当是荼的引申义。

还有一种树叫槚（jiǎ），又作榎。嫩芽儿、树叶儿都是人们泡水喝的东西。《说文解字》："槚，楸也。""楸，梓也。"荼是草本，槚是木本。只要泡水好喝，人们不管木本草本。

槚，从木贾声。而贾有"假""古"两音，"古"与"荼"音近。

这下子可好了，槚与荼，所泡出的水差不多，读音居然也差不多。于是逐渐被混而为一了。于是，《尔雅》里就有了"槚，苦荼也"的解释。殊不知，一种是树，另一种是草。

槚树很多，以后人们大多以槚叶泡水来喝，但在生活中，荼字用得更为普遍。不过，人们慢慢发现，自己用来称呼常喝"饮料"的这个"荼"字，是草字旁。槚，树也，怎么用草来表示呢？

名不副实。于是，在"槚，苦荼"的基础上，人们新造一字，左木字旁，右荼，从木荼声，以代替原先的荼字。但这字有点烦琐，并没有流行起来。人们仍不满意称荼的现实，于是，仍用"荼"字，却改读chá音。

"茶"字从"荼"中简化的事，萌发于汉代，古代汉印中，有些"荼"也减去一画变成"茶"，读音在西汉也确立了，但这种情况并不普遍。唐代《茶经》的作者陆羽，在文中将"荼"字减一画而成"茶"。《茶经》影响很大。自此"茶"的音、形、义趋于统一了。

《茶经》一书问世以后，茶才为大众熟知，在社会各阶层普及开来。所以宋代有诗说："自从陆羽生人间，人间相学事春茶。"

不过，减这一画，直接给后代的孩子认字制造了麻烦：荼与茶，形似字，很容易读错。以前有个电影，陈佩斯和他爹演的，陈佩斯饰演的青工不学文化，以致把"如火如荼"读作"如火如茶"，成了这部电影逗乐的一个桥段。不过，多了这么一画，倒给了老师考学生的素材。

还有一字，荼，与荼、茶长得极像。荼，读作nié。字典中释义为疲倦，精神不振。《庄子》："茶然疲役，而不知其所归。"现在，我们也可以说："小品节目中，赵本山把范伟忽悠茶了。"这个字在文言文中较常见。据说，目前在江浙一带，舟山方言中仍在使用这个字，陕西农村也有使用。由此看来，这个字的使用范围还是挺广泛的。

好玩的
拆字游戏

立早章还是音十章

"章"和"张",在汉字中都是姓氏。如果你姓其中之一,估计下面的对话常常有:您贵姓?姓章。弓长张啊,还是立早章啊?立早章。

这样的对话很流行,以致被编成相声。说有个大嫂老觉得自己说话不文雅不漂亮,而觉得邻居说话漂亮。邻居家来人,邻居问是弓长张还是立早章,大嫂羡慕至极,于是向人学习。某日,她家有人敲门。开门一看,不认识,就问:您是?我是老侯。老侯啊,您是弓长侯啊,还是立早侯啊?来人很尴尬,那大嫂闹了笑话。

那大嫂学习确实是刻板了点儿。她只是听人那样说,而没有弄懂意思。不过,相声是夸张,目的只是在包袱打开时,能够逗大家一乐。生活里，大概没有那样的大嫂。

看看"张"与"章"两个字。张，从弓长声，切分为弓长，称为弓长张，自然而然，既符合人们的感觉，也合乎文字学常理。可"章"呢，切分为立早，好像并不顺理成章。

《说文解字》里，"章"在音部，许慎说："章，乐竟为一章。从音从十。十，数之终也。"其中的"音"，指音乐、乐曲；"十"不是指数目，是"竟"的意思，即终结、结束。

许慎对"十"的解释，明显带有老子"起一终十"思想的影子。"一"为万物之始。道生一，一生二，二生三，三生万物。"十"为万物之终。

从音从十，由"音"和"十"会出的意思是，乐曲演奏完一遍叫一章。由于"章"表示一支乐曲的一段演奏过程，因此"章"便引申出文章的"章节""段落"的意思。又因为任何乐曲的构成与演奏都必须有规律可循，由此"章"又引申出"章法""规章""法律"等意思。将此听觉的规章，用之于视觉上，"章"又有了印章、图章的意思。

由此看来，称"章"为"立早章"，其实不合乎文字之构成的本来意义，称之为"音十章"更为妥当，更为科学。

"章"姓被称为"立早章"，只是着眼在字的形体结构，目的不在解字，只为区分章与张，称呼上方便一些。这样的情况，其实也不止"章"字。

平常我们还说口天吴、双口吕、木子李、言午许、古月胡、双人徐、双木林等。汉字里同音字多，姓氏里也是，这样拆分汉字，也是人们区分同音姓氏的一种智慧吧。

拆字既方便，又合乎文字学原理，当然很好，虽然有时不一定太科学，咱也大可不必非得揪住人家，给人讲出子丑寅卯。

语言学家章太炎先生，生活中也难免遇到被人询问姓氏的情况。据说，某次，章先生也遭遇了"弓长张还是立早章"的询问。

章太炎先生可是语言文字大家，章是音十，不是立早，他肯定心里明镜似的。但老先生照样也没有较真，不过随了日常，也说"立早章"。

其实，这就对了。交际的目的，不是在说文解字，也不是探讨真理。说立早章没有那么科学，但一点儿也不妨碍正常的交流啊。相反，如果章先生非得较真，非给人掰扯是音十而不是立早，那就未免太迂腐了。

写这篇文章时，搜得一联。上联：弓长张，立早章，张章同姓；下联：口天吴，古月胡，吴胡一家。吴胡一家，谐音五湖一家。

饿是我的饭吗？

汉字是可以拆分的。

有时候教孩子或外国人学汉字，有趣的拆分，有趣的解释，无疑会激发学习者的兴趣，进而更易于让学习者学会汉字。

比如，教"饿"字，左边是饣部，与食物也就是饭有关，而右边是"我"。于是有人充分发挥了想象力，拆分为二，并解释为：

饿，我的饭。

这样的拆分没有问题，解释却是有问题的。如果长期这样教学，也许会遇到麻烦。

比如，遇到"俄"字，学生会不会说，俄是我的人？遇到鹅字，学生会不会说我的鸟儿？莪，是我的草？娥，是我的女？哦，是我的口？

饿，你解释为我的饭也许会让人会心一笑，但接下来的例子，无疑会让人疑惑，甚至发笑。

拆分之后的解释是应该有法的。

语言是一个系统，文字也是一个系统。解释应该有系统的观点。上举对"饿"字的分析，显然是缺乏对汉字系统的观照。

"饿"字拆分为左右两部分，其实是合理的。但解释显然是荒诞的。饿，是个形声字，左形右声。从饣，说明意义与食物有关。"我"声说明饿字读音的来历。

我们老家山东禹城，有些老人说话，饿了常常说成wò了，"我们"，也总有大爷说成[ŋɣ]们。而我们熟悉的郭达小品里，西北人说话，也是我说成[ŋɣ]。所以，"我"读wǒ或读[ŋɣ]基本属于语音的规律变化。

以形声字解释，"饿"解释得通，上举几个字也照样可以。俄，从

人我声。鹅，从鸟我声。莪，从艹我声。哦，从口我声。其他都可依次类推。

拆字在我国向有传统。除了运用六书理论进行符合学理的拆分，也有文字的游戏，还有拆字算命。

拆字算命其实也是一种游戏，只是有时根本不是娱乐，而是拆字先生们对测字者的心理学的取悦与讨好罢了，目的在钱。

闲谈末论，出错可以一笑。但用想象做学术，那不是学术，而是笑话。这样的笑话王安石犯过。想当年，他官至宰相，一人之下，万人之上。他出版自己的书《字说》推行全国。书中的一大笑话，千年之后，依然为人常常谈起。他书中说，波者，水之皮也。苏东坡笑话他：波，水之皮？滑呢，水之骨乎？

好玩儿你就拆

明代有个人叫蒋焘，一日，父亲的朋友来访，蒋焘端茶待客。客人知其聪敏，即指窗外雪雨，出对试他：冻雨洒窗，东二点，西三点。蒋焘之母正切西瓜，他由此对出下联：切瓜分客，横七刀，竖八刀。拆字干净利落，顺理成章，客人拍手称妙。

这是拆字联。上联拆"冻"拆"洒"，下联拆"切"拆"分"。不过，这副对联只有拆字，未见对字的分析。也有拆字联，会对所拆汉字有所"解释"。

有个拆字联，不妨先给您对一下。上联是：鸿是江边鸟。此句把"鸿"字拆成了江与鸟。鸿是大雁，生活在江边。鸿是江边鸟，拆分得很巧妙。

下联是：蚕为天下虫。蚕是昆虫，生活在天底下。蚕为天下虫，拆分妙，对得也工整，其实也很好玩儿。

不过，上下联对字的切分，都是为对联而拆分，缺乏文字学根据。鸿作为鸟，是江边鸟不错，但鸿作为字，不能切分为"江"与"鸟"。鸿，其实是形声字，从氵，鸟，工声。蚕，分拆为天与虫合理，但也不能解释为天下虫。蚕也是形声字，从虫天声。

对联里的拆分，都把形声字当会意字分析了。

再举一例：

王老者，一身土气；

朱先生，半截牛形。

上联，王老者三字都含有"土"；下联，朱先生三字都含有牛字的上半边。这都是望形而"析"，从文字学的角度，一看就不合理。"王老者"三字与土，"朱先生"三字与牛，没有一点关系。

对联是中国文化的一种精粹。对联中的拆字联，很多都讨人喜欢。这样的对联，怎么对得上就怎么切分，怎么好玩就怎么切分，此时没有文字学什么事。

拆字联，说到底，文字游戏罢了。在游戏的世界里，严肃没有市场，动辄学术有点过，也没意思。好玩儿，拆就拆呗。不过，一码归一码，游戏的拆字儿，不能与学术混同。

"串"字拆得真新鲜

有一个古老的拆字故事。有两人进京赶考，某日来到一地，看有一测字先生，便来问前途。甲问卜，测字先生说，随便说个字来。甲四下观察，看见一卖冰糖葫芦的，冰糖葫芦一串串地插在草把子上，熠熠生辉。就说串字吧。测字先生双眼微闭，口中念念有词：你进京赶考，连续两场高中。甲一听，好兆头啊，心花怒放。忙问为何？测字先生说，串者，两中连一起也。甲高高兴兴给钱。

乙见这样，也心动了，也卜问。测字先生说，你也随便说个字吧。乙想：甲说串，两场高中，我也图个吉利吧，我也说个串字。测字先生一笑，说：你悬了。乙大惊：同样的字，怎么他是高中，我悬了？测字先生一笑，说："他说串，心里无串；你说串，心里有串。心上有串，患也。"乙一惊，不过也大服，忙请教何以化解。测字先生凑上前去，耳语一番，乙也颜开，心花怒放，高高兴兴给钱。

测字先生拆字，当然也看字，但他绝没有六书一样的规则，也没有"四体二用"之类的讲究。不过，你要说他拆之无道，也是小瞧了。他拆字，首要一点，是要结合当时的情况，因地制宜，因时而为，与时俱进。人不同，环境不同，同一个字，便说法不一。不一归不一，却能自圆其说，各得其妙。

像这个"串"字，一会儿他用了腰斩之法，把"串"字分为两"中"，通过联想，比附到考中上；一会儿又用穿衣戴帽之法，给"串"字加了一"心"，"心"上有"串"，是以成"患"。到底怎么解释，没有既定之规，完全看的是测字先生的想象力与人生经验，以及他对测字者的心理把握。在拆字高手那儿，拆字差不多等于随心所欲，只要自圆其说就行了。

测字不过是一种游戏。比如"串"字，这明显是一个象形字，即便现在的字体也隐约可见形象。那两个"口"像不像两块羊肉？那一竖，像不像把肉串起的钎子？而"患"字呢，是个形声字，下形上声，从心串声。汉字中，象形字、指事字少，会意字稍多，大都是形声字。测字者，给汉字加减笔画，拆开偏旁，打乱字体结构，几乎不按真正的结构分析。把象形字、指事字与形声字解释为会意字，是他们的常用方法。仔细想想现实中的某些拆字，何尝不是这样呢？

烦是头上火

有点儿小烦，就不妨说说"烦"。

"烦（煩）"这个字，是会意字，从火从页。从"页"表示与头部有关，从"火"表示发烧。本义是头痛发烧。《说文解字》里说："烦，热头痛也。"

意思引申之后，不发烧，甚至不头疼，只是心里不舒服也叫烦了。

与"烦"常搭配的有一"躁"字。躁，大概比烦程度厉害点，几乎快跺脚了吧。反正，现实中人们发起脾气来，大有捶胸顿足的。烦躁，进而暴躁，进而暴跳如雷，进而雷霆大发。程度越深，越不可爱，甚至还有些可怕。

有人常写别字，把"烦躁"写作"烦燥"。知道了发脾气捶胸顿足的暴躁状态，大概就不会写错了。

"烦"字也常与"恼"搭配。"恼"是形声字，左形右声。一般人的烦，大概烦恼更多些。烦恼也是人生的一部分。

烦恼不一定烦躁，天天笑得花般灿烂也可能烦恼。烦恼过去了，才显得快乐珍贵。

烦了怎么办？不同的人有不同的招儿。可以看看大树参天，看看小河流水，看看蚂蚁拉长了战线搬家不辍，看看蛤蟆待在荷叶上呱呱乱叫。无论什么，都会让你心情渐趋平静。

也许，你还可以打几行字。噼里啪啦，噼里啪啦，打着字，你就俨然走进了你自己的世界，忘了俗世的一切。这时，你不仅不烦，还生出了几分贵族的豪迈来。

看看窗外，天气晴好。烦，也许只是修为不够吧，各位，练练吧。

人言何为信

侄子又有了一个孩子，把照片发给我。侄子说，叔，你给孩子取个名儿吧。

小人儿已经有个姐姐，当时也是我起的名，程诺。报户口时却被告知必须三个字。于是乎，诺前加了个"一"，程一诺。也好，成语有一诺千金，而女孩儿，不正是称之为"千金"吗？

因为高兴，把小人儿的照片发到微信圈，并求好名。有朋友给起名一言，显然是顺着姐姐程一诺的名字而来。程一言？一言九鼎？哈哈，前有一诺，千金；后有一言，九鼎。名字不错。

把一系列名字给侄子发去，侄子也表达了对"一言"的兴趣。

一诺千金也好，一言九鼎也罢，突出的都是"信"的问题。说话算数, 吐个唾沫就是钉, 言必信, 行必果。一诺与一言, 这俩名字, 都寄寓了美好的期许。

"信"是个会意字, 从人从言, 本义是言语真实。人说话必须以真诚为前提, 以守信为根本, 这样的言语者才能获得他人的信任。"人言为信",《说文解字》里说: "信, 诚也。"

许慎把"信"解释为诚。"诚"是个形声字, 从讠成声。诚, 也是言语真实的意思, 所以从讠。这说明, 说话从来是大事。诚信与否, 事关做人, 首先是说话, 说话算数, 不作假。成语有一诺千金, 有一言九鼎, 有一言既出, 驷马难追。

孔子对学生进行教育, 信是科目之一(文、行、忠、信), 也是规范之一(恭、宽、信、敏、惠)。孔子说: "民无信不立。""人而无信, 不知其可也。"仁、义、礼、智、信也是儒家提倡的人与人之间的五种行为规范和准则。

一个守信用的人, 是可靠的人。一个有信用的社会, 也是一个有安全感的社会。

有猪就是家

　　20世纪八九十年代，有一首歌特别流行。优美的旋律，温馨的歌词，戳中了很多人心里最软的地方。"我想有个家，一个不需要华丽的地方。在我疲倦的时候，我会想到它。我想有个家，一个不需要多大的地方。在我受惊吓的时候，我才不会害怕。……"

　　一提到家，大家肯定想到家人，而天天接触汉字的我们，估计有时候也会对着"家"字纳闷儿半晌：家，宝字头下，为什么不是人，而是豕？豕者，猪也。房子里放一头猪，就是家吗？那家，岂不是和猪圈差不多了？人，那些温暖的家人，都跑哪儿去了呢？

　　房子里有猪就是家，这是认为"家"是会意字。而对字理的解释，则多有不同。有人认为，"家"是与"野"相对而言的。猪是驯化得最好的家养牲畜，习性和野猪有明显的区别。所以，"家"的最初义，实际是指"家养"，与"野生"相对。现在的家庭义实际上是一种引申。不过，这解释没有得到很多人认可。

通常的看法是这样。在牲畜中，猪是比较好养的，繁殖率又高，比较而言，猪投入少，产出高。在一家一户的小农经济中，可以说猪也是财富的代表。有房子，可以遮风避雨，又有头猪，到时换点小钱儿，一个家的物质条件就具备了。在前些年的农村，这样的事儿还很常见，那时的好多小说里，都有卖猪凑学费的故事。

房子里有猪就是家，很多人对这个解释大概是不舒服的。所以，包括许慎在内的文字学家都不大喜欢把家解释为会意字。《说文解字》："家，凥（居）也。从宀，豭省声。"凥，段玉裁注："凥，处也；处，止也。古之凥，今悉改为居。"这样一解释，和豕即猪当然还有

怪不得
妈妈总说
我的
房间
乱得像
猪圈
原来是
有道理的

关系，但是不再表达意义，而只是表声音了。"家"就是省声的形声字了。

在研究《说文解字》的人中，段玉裁大概是最著名的一个了。他对许慎的解释很不满意，他问道："豭省声读为家，从豕的字多了去了，你怎么就知道是豭省？为什么不说叚声，而拐个大弯呢？"他提出了自己的意见："我认为'家'的篆字，本义就是猪居处的地方，引申为人居处的地方。"

段玉裁的意见更直接，家，从宀从豕，会意字。家的本义不是和猪圈差不多，其实就是猪圈，后来引申为人的家。他为了证明自己，还拿"牢"字帮忙。"牢，是牛棚，引申为监牢，没疑问吧？养猪生崽最多，所以人居住聚集借用这个字，时间一久忘了字的本义了。"

到了这里，你是不是觉得很有意思？其实，别的解释也还有。总而言之，"家"字的解释五花八门，难求一律。

分贝就是贫

其实，贫穷虽然连用，但从字的本义来说，贫穷各有所指，并非一回事儿。贫，形声兼会意，从贝从分，分亦声。在久远的时代，贝壳曾经在人类生活中扮演过极为重要的角色，是曾经流通过的货币。所以汉字里与财物相关的字，多从贝。财、货、贿、赂等，莫不如此。"贫"也一样。同时，"贫"也可以理解为会意字。贝分来分去，岂不越来越少，岂不就贫了？

贫的反义词是富，贫、富经常对举。俗语说：贫在闹市无人问，富在深山有远亲。陶潜在《咏贫士》里说："贫富常交战。"《论语》里子贡问曰："贫而无谄，富而无骄，何如？"子曰："可也。未若贫而乐，富而好礼者也。"

生活里有人嫌贫爱富。吕剧《姊妹易嫁》就讲述了这样一个嫌贫爱富的故事。姐姐素花自小与牧童毛纪定亲，但成年后，因嫌弃毛纪贫穷，不愿出嫁。后迫于无奈，父母让妹妹素梅代替姐姐出嫁，谁知出嫁不久，毛纪却状元及第，前程似锦，素花后悔不已。

穷，繁体作"窮"，形声字，从穴躬声。躬，身体，身在穴下，走到头儿了。简化字为会意，力在穴下，有劲使不出。本义为穷尽、完结。后引申为困顿、不得志。穷的反面是通，是达。古人说，穷则独善其身，达则兼济天下。钱锺书论人，强调通与不通。我们平常骂一些浑人，则在不通之前再加狗屁。有所谓通人，也有所谓达人。有所谓"穷则变，变则通，通则久"（《周易》）。

可见，贫指无钱可用，穷谓无路可走。无钱可用，自然生活之路狭窄，贫到极点，甚至无路可走。而无路可走，一般情形，自然也不会有多少钱。所以，贫与穷很容易走在一起，像极了一母所生的哥俩儿，最后混在一起，让人不辨彼此了。

与贫富、穷达相关联的，还有一对宝贝儿——贵贱。贵，地位高为贵；贱，地位低为贱。两个字都从贝，说明贵贱本身就与财富相联系着。

你生在富贵人家，还是生在贫贱之家？人生，有些东西，你根本没有办法选择。但是，人毕竟也有可以选择的东西，比如努力，而且贫穷本身对人而言，也是一笔巨大的财富。如果你正在贫穷之中，不必妄自菲薄。闭眼咬牙，做几个美梦，大胆往前冲。

附 录

那些常见的形似字

形似字	组词	形似字	组词
绫（líng）	绫罗绸缎	歼（jiān）	歼灭
凌（líng）	凌云	纤（xiān）	纤细
棱（léng）	棱角	阡（qiān）	阡陌
菱（líng）	菱角		
		悔（huǐ）	后悔
辍（chuò）	辍学	诲（huì）	教诲
缀（zhuì）	点缀	晦（huì）	阴晦
掇（duō）	掇拾	侮（wǔ）	侮辱
啜（chuò）	啜泣		
		茶（chá）	茶叶
汩（gǔ）	汩汩	荼（tú）	荼毒
汨（mì）	汨罗江	苶（nié）	苶（精神不振）

形似字	组词	形似字	组词
藉（jí）	狼藉	粹（cuì）	精粹
籍（jí）	籍贯	碎（suì）	粉碎
		猝（cù）	猝死
篙（gāo）	竹篙	悴（cuì）	憔悴
蒿（hāo）	蒿草		
嵩（sōng）	嵩山	惮（dàn）	肆无忌惮
		殚（dān）	殚精力竭
砾（lì）	瓦砾	禅（shàn）	禅让
烁（shuò）	闪烁	蝉（chán）	蝉蜕
铄（shuò）	众口铄金	婵（chán）	婵娟
		箪（dān）	箪食壶浆
揣（chuǎi）	揣测		
踹（chuài）	踹开	怡（yí）	怡然自得
喘（chuǎn）	喘气	殆（dài）	殆尽
湍（tuān）	湍急	诒（yí）	诒误
惴（zhuì）	惴惴不安		
		瞳（tóng）	瞳孔
锲（qiè）	锲而不舍	潼（tóng）	潼关
楔（xiē）	楔子	幢（zhuàng）	一幢
契（qì）	契约	憧（chōng）	憧憬
挈（qiè）	提纲挈领		
		戮（lù）	杀戮
窖（jiào）	地窖	谬（miù）	荒谬
窑（yáo）	窑洞	缪（móu）	绸缪
窟（kū）	莫高窟		
		濯（zhuó）	洗濯
簿（bù）	练习簿	攉（zhuó）	攉用
薄（bó）	薄礼	戳（chuō）	戳穿

蜿（wān）　蜿蜒

婉（wǎn）　委婉

惋（wǎn）　惋惜

腕（wàn）　腕力

诘（jié）　诘问

拮（jié）　拮据

秸（jiē）　麦秸

佶（jí）　佶屈聱牙

绌（chù）　相形见绌

拙（zhuō）　笨拙

灸（jiǔ）　针灸

炙（zhì）　脍炙人口

眈（dān）　眈误

眈（dān）　虎视眈眈

簌（sù）　簌簌

籁（lài）　天籁

萤（yíng）　萤火虫

荧（yíng）　荧光屏

萦（yíng）　萦绕

掺（chān）　掺和

渗（shèn）　渗透

惨（cǎn）　悲惨

糁（sǎn）　石青糁之

揩（kāi）　揩油

楷（kǎi）　楷书

锴（kǎi）　铜锡铅锴

谐（xié）　和谐

偕（xié）　偕同

涎（xián）　垂涎欲滴

诞（dàn）　诞生

烙（lào）　烙印

络（luò）　网络

硌（gè）　硌了一下

洛（luò）　洛阳

垮（kuǎ）　垮台

跨（kuà）　跨越

挎（kuà）　挎着

胯（kuà）　胯骨

蹄（tí）　马蹄

啼（tí）　啼笑皆非

谛（dì）　谛听

缔（dì）　取缔

塌（tā）　塌落

形似字	组词	形似字	组词
蹋（tà）	糟蹋	厥（jué）	昏厥
榻（tà）	竹榻	阙（què）	宫阙
溻（tā）	溻湿	撅（juē）	撅嘴
		蹶（jué）	一蹶不振
伛（yǔ）	伛偻		
枢（shū）	枢纽	赚（zhuàn）	赚钱
讴（ōu）	讴歌	谦（qiān）	谦和
呕（ǒu）	呕吐	嫌（xián）	嫌疑
		歉（qiàn）	道歉
镶（xiāng）	镶嵌		
嚷（rǎng）	叫嚷	瞻（zhān）	瞻前顾后
攘（rǎng）	攘夺	檐（yán）	房檐
壤（rǎng）	土壤	赡（shàn）	赡养
		蟾（chán）	蟾蜍
怍（zuò）	愧怍		
诈（zhà）	欺诈	竣（jùn）	竣工
炸（zhà）	炸弹	峻（jùn）	险峻
踮（diǎn）	踮脚	魁（kuí）	魁梧
惦（diàn）	惦记	魅（mèi）	魅力
掂（diān）	掂量		
		镂（lòu）	镂空
嘹（liáo）	嘹亮	缕（lǚ）	丝丝缕缕
僚（liáo）	官僚	褛（lǚ）	褴褛
潦（liáo）	潦倒		
缭（liáo）	眼花缭乱	嶙（lín）	嶙峋
瞭（liào）	瞭望	粼（lín）	波光粼粼
燎（liáo）	星火燎原	磷（lín）	磷肥

附录

131

形 似 字	组 词
沼（zhǎo）	沼泽
诏（zhào）	诏书
昭（zhāo）	昭然若揭

形 似 字	组 词
篆（zhuàn）	小篆
椽（chuán）	椽子
喙（huì）	鸟喙

罄（qìng）	罄竹难书
磬（qìng）	鸣钟击磬

哀（āi）	悲哀
衷（zhōng）	衷肠
衰（shuāi）	衰败

峋（xún）	嶙峋
绚（xuàn）	绚丽
徇（xùn）	徇私
殉（xùn）	殉职
询（xún）	询问

衍（yǎn）	繁衍
衙（yá）	衙门
衔（xián）	军衔
街（jiē）	街市

迥（jiǒng）	迥然不同
炯（jiǒng）	炯炯有神

椎（zhuī）	脊椎
锥（zhuī）	圆锥

噪（zào）	噪声
躁（zào）	急躁
燥（zào）	燥热

惟（wéi）	惟妙惟肖
唯（wéi）	唯一

渝（yú）	坚贞不渝
榆（yú）	榆树
逾（yú）	逾越
瑜（yú）	瑜伽

陨（yǔn）	陨落
殒（yǔn）	殒命
损（sǔn）	损毁

竞（jìng）	物竞天择
竟（jìng）	竟然

载（zài）	载歌载舞
栽（zāi）	栽种
裁（cái）	裁判

壁（bì）	墙壁
璧（bì）	璧玉

形似字	组词		形似字	组词
糟（zāo）	糟糕		戌（xū）	壬戌
嘈（cáo）	嘈杂		戍（shù）	戍守
漕（cáo）	漕运		戊（wù）	戊戌
槽（cáo）	马槽		戎（róng）	戎马一生
			戒（jiè）	八戒
辩（biàn）	辩论			
辨（biàn）	辨别		诀（jué）	诀别
辫（biàn）	辫子		抉（jué）	抉择
瓣（bàn）	花瓣		袂（mèi）	联袂
			决（jué）	决定
髫（tiáo）	垂髫			
髻（jì）	发髻		瑕（xiá）	瑕疵
鬓（bìn）	鬓角		暇（xiá）	闲暇
			遐（xiá）	闻名遐迩
缉（jī）	通缉			
辑（jí）	编辑		砌（qì）	石砌
揖（yī）	作揖		沏（qī）	沏茶
楫（jí）	舟楫		彻（chè）	彻底
牍（dú）	案牍		皎（jiǎo）	皎洁
犊（dú）	牛犊		绞（jiǎo）	绞尽脑汁
椟（dú）	买椟还珠		狡（jiǎo）	狡猾
徒（tú）	徒弟		嶂（zhàng）	层峦叠嶂
徙（xǐ）	迁徙		障（zhàng）	障碍
			幛（zhàng）	帷幛
崇（chóng）	推崇		彰（zhāng）	表彰
祟（suì）	鬼鬼祟祟		瘴（zhàng）	瘴疬

形似字	组词		形似字	组词
炫（xuàn）	炫耀		槁（gǎo）	枯槁
眩（xuàn）	目眩		缟（gǎo）	缟素
弦（xián）	上弦		镐（gǎo）	镐头
姗（shān）	姗姗来迟		锤（chuí）	锤炼
栅（zhà）	栅栏		陲（chuí）	边陲
珊（shān）	珊瑚		唾（tuò）	唾液
蹒（shān）	蹒跚			
			慨（kǎi）	慷慨
赢（yíng）	输赢		概（gài）	大概
嬴（yíng）	嬴政		溉（gài）	灌溉
羸（léi）	羸弱			
			撤（chè）	撤职
沮（jǔ）	沮丧		澈（chè）	清澈
诅（zǔ）	诅咒		辙（zhé）	南辕北辙
咀（jǔ）	咀嚼		撒（sā）	撒欢
龃（jǔ）	龃龉			
狙（jū）	狙击		砥（dǐ）	中流砥柱
			诋（dǐ）	诋毁
屹（yì）	屹立		抵（dǐ）	抵达
讫（qì）	收讫		抵（zhǐ）	抵掌而谈
迄（qì）	迄今为止		祗（zhī）	祗仰（敬仰）
			祇（qí）	神祇
傥（tǎng）	倜傥		衹（zhǐ）	衹（同只）
蹚（tāng）	蹚水		袛（dī）	袛裯（短衣）
膛（táng）	胸膛			
螳（táng）	螳螂		驰（chí）	驰骋
瞠（chēng）	瞠目结舌		弛（chí）	弛缓

形似字	组词	形似字	组词
眶（kuàng）	眼眶	喋（dié）	喋喋不休
诓（kuāng）	诓骗	牒（dié）	通牒
框（kuàng）	门框	蝶（dié）	蝴蝶
哐（kuāng）	哐啷		
		汆（cuān）	水汆丸子
谍（dié）	间谍	氽（tǔn）	油氽花生米

那些品字结构的字

犇 bēn　同"奔"，意思是急走、跑，急着去做。

赑 bì　　1. 赑屃：用力的样子。

　　　　2. 传说中的一种动物，像龟。旧时大石碑的基座多雕成它的形状。(鼊，同"赑")

骉 biāo　众马奔腾的样子。（骉，同"骉"）

猋 biāo　1. 狗跑的样子。

　　　　2. 迅速："灵皇皇兮既降，猋远举兮云中。"

　　　　3. 古通"飙"，暴风；旋风："猋风暴雨。"

靐 bìng　靐靐，雷声。

蟲 chóng　1. "虫"的繁体字。

2. 节肢动物的一类: 昆虫。

3. 动物的通称: 大虫(老虎)、长虫(蛇)、介虫。

𧯬 chù	直立, 高耸。	
麤 cū	"粗"的繁体字。	
毳 cuì	1.〔毳毛〕医学上指人体表面除头发、阴毛、腋毛外, 其他部位生的细毛。俗称"寒毛"。	

2. 鸟兽的细毛。

3. 通"脆", 易碎。

4. 通"橇", 一种在泥路上滑行的交通工具。

龘 dá	龙腾飞的样子。古同"龖"。
飝 fēi	飞。
轟 hōng	"轰"的繁体字。
舙	[huà]古同"话"。拨弄是非: 引申为挑拨离间, 说人坏话。

[qì]同"咠"。

晶 jīng	1.〔结晶〕a. 物质从液态或气态形成晶体; b. 比喻珍贵的成果, 如"这部作品是他多年研究的结晶"。

2. 形容光亮, 如晶莹; 亮晶晶。

畾 léi	1. 通"蔂"。古代一种藤制的筐子。 2. 古同"雷"。
厽 lěi	厽砢(luǒ): 磊落。坦率正直。
磊 lěi	1.〔磊落〕心地光明坦白, 如"光明磊落"。 2.石头多。
劦 lí	姓氏。
淼 miǎo	淼淼、淼渺、淼漫、淼溔。
聶 niè	"聂"的繁体字。1.附耳小语。 2.姓。
掱 pá	〔掱手〕同"扒手", 掏包的贼。

品 pǐn	1.物件：物品、赠品、战利品。
	2.等级、种类：品名、品类、品位。
	3.性质：品质；品节（指人的品行节操）。
	4.体察出好坏、优劣：品尝。
叒 ruò	古同"若"。1.顺。 2.指"若木"，据说太阳初升，登上此木。
歮 sè	古同"涩"。
森 sēn	1.树木众多，引申为众多、繁盛：森林；森郁。
	2.幽深可怕的样子：阴森；森邃。
	3.严整的样子：森严。
	4.姓氏。
羴 shān	1."膻"的古字。羊的气味。
	2.鼻烟品目之一。
惢	[suǒ]疑虑，如："内有惢，下有事。"
	[ruǐ]1.古代的一种祭祀："秋至而禾熟，天子祀于太惢。"
	2.沮丧的样子。
	3.古同"蕊"，花蕊。
譶 tà	说话快。
鱻 xiān	古同"鲜"。
焱 yàn	1.火花，火焰。 2.姓氏。
雥 zá	群鸟。
垚 yáo	山高的样子，多用于人名。
孨 zhuǎn	意谨慎。
鑫 xīn	商店字号及人名常用字，取金多兴盛的意思。

还有一些特别的"叕"字结构的字:

叕 lǐ   叕，希明貌。

       lì   1. 止。   2. 系。

幺 yōu   同"幽"。

叕 zhuó   1. 同"缀"。   2. 短，不足。

       yǐ   张网貌。

       lì   1. 止。   2. 系。

       jué   速。

玭 zhǎn   同"展"。

朋 jí   1. 众口。   2. 喧哗。

       léi   1. 同"雷"。   2. 一种有机化合物。

林 xiǎo   同"小"。

燚 yì   火貌；人名用字。

磊 lěi   同"磊"。

畾 léi   同"雷"。

       huǐ   人名用字。

囍 cì   疾驰。

飍 piāo   风。

轟 bèng   雷声。

靊 nóng   云广貌。

龘 zhé   唠唠叨叨，话多。

那些容易读错的字

A	狭隘 ài		奴颜婢 bì 膝 xī
	谙 ān 熟		刚愎 bì 自用
	鏖 áo 战		复辟 bì
	拗 ào 口		濒 bīn 临
B	纵横捭 bǎi 阖 hé		针砭 biān
	稗 bài 官野史		屏 bǐng 气
	同胞 bāo		摒 bìng 弃
	剥 bāo 皮		剥 bō 削 xuē
	薄 báo 纸		淡薄 bó
	并行不悖 bèi		反哺 bǔ
	蓓 bèi 蕾 lěi	**C**	参 cēn 差 cī 不齐
	庇 bì 护		搽 chá 粉
	麻痹 bì 大意		猹 chá

C
刹 chà 那

差 chāi 遣

谄 chǎn 媚

忏 chàn 悔

羼 chàn 杂

赔偿 cháng

徜 cháng 徉

绰 chāo 起

风驰电掣 chè

瞠 chēng 目结舌

鞭笞 chī

踟 chí 蹰 chú

奢侈 chǐ

整饬 chì

炽 chì 热

不啻 chì

叱 chì 咤 zhà 风云

忧心忡 chōng 忡

憧 chōng 憬

相形见绌 chù

蹉 cuō 跎 tuó

黜 chù 免

椽 chuán 子

啜 chuò 泣

辍 chuò 学

宽绰 chuò

瑕疵 cī

伺 cì 候

烟囱 cōng

淙 cóng 淙流水

忖 cǔn 度 duó

D
呆 dāi 板

提 dī 防

瓜熟蒂 dì 落

缔 dì 造

玷 diàn 污

恫 dòng 吓 hè

句读 dòu

踱 duó 步

E
阿 ē 谀 yú

婀 ē 娜 nuó

F
沸 fèi 点

氛 fēn 围

果脯 fǔ

G
准噶 gá 尔

脖颈 gěng 儿

佝 gōu 偻 lóu

蛊 gǔ 惑

商贾 gǔ

桎梏 gù

粗犷 guǎng

皈 guī 依

玫瑰 guī

刽 guì 子手

聒 guō 噪

H
引吭 háng 高歌

沆 hàng 瀣 xiè 一气

干涸 hé

一丘之貉 hé

上颌 hé

喝 hè 彩

负荷 hè

发横 hèng 财

一哄 hòng 而散

糊 hú 口

囫 hú 囵 lún 吞枣

华 Huà 山

怙 hù 恶不悛 quān

豢 huàn 养

病入膏肓 huāng

讳 huì 疾 jí 忌医

诲 huì 人不倦

阴晦 huì

污秽 huì

浑 hún 水摸鱼

混 hùn 淆 xiáo

J 畸 jī 形

羁 jī 绊

跻 jī 身

棘 jí 手

给 jǐ 予 yǔ

觊 jì 觎 yú

雪茄 jiā

信笺 jiān

歼 jiān 灭

草菅 jiān 人命

缄 jiān 默

眼睑 jiǎn

反诘 jié

拮 jié 据 jū

杀一儆 jǐng 百

强劲 jìng

劲 jìng 敌

劲 jìng 旅

痉 jìng 挛

抓阄 jiū

狙 jū 击

咀 jǔ 嚼 jué

沮 jǔ 丧

龃 jǔ 龉 yǔ

前倨 jù 后恭

镌 juān 刻

隽 juàn 永

角 jué 色

口角 jué

角 jué 斗

倔 jué 强 jiàng

猖獗 jué

诡谲 jué

K 同仇敌忾 kài

不卑不亢 kàng

坎坷 kě

可 kè 汗 hán

恪 kè 守

倥 kǒng 偬 zǒng

会 kuài 计

傀 kuǐ 儡

L 邋遢 lā·ta

丢三落 là 四

书声琅 láng 琅

落 lào 枕

羸 léi 弱

罹 lí 难

潋 liàn 滟

撩 liāo 水

撩 liáo 拨

趔趄 liè·qie

雕镂 lòu

贿赂 lù

棕榈 lú

掠 lüè 夺

M 抹 mā 桌子

阴霾 mái

埋 mán 怨

耄 mào 耋 dié

联袂 mèi

扪 mén 心自问

愤懑 mèn

靡 mí 费

萎靡 mǐ 不振

静谧 mì

分娩 miǎn

酩 mǐng 酊 dǐng 大醉

荒谬 miù

脉 mò 脉含情

蓦 mò 然回首

牟 móu 取

模 mú 样

N 羞赧 nǎn

呶 náo 呶不休

泥淖 nào

木讷 nè

气馁 něi

拟 nǐ 人

藏匿 nì

拘泥 nì

亲昵 nì

拈 niān 花惹草

忸 niǔ 怩 ní

执拗 niù

驽 nú 马

虐 nüè 待

P 扒 pá 手

迫 pǎi 击炮

心宽体胖 pán

滂 pāng 沱 tuó

彷 páng 徨

胚 pēi 胎

纰 pī 漏

毗 pí 邻

癖 pǐ 好

否 pǐ 极泰来

媲 pì 美

扁 piān 舟

大腹便 pián 便

剽 piāo 窃

饿殍 piǎo

湖泊 pō

居心叵 pǒ 测

糟粕 pò

一曝 pù 十寒

Q 蹊跷 qī·qiao

歧 qí 途

绮 qǐ 丽

关卡 qiǎ

悭 qiān 吝

掮 qián 客

天堑 qiàn

戕 qiāng 害

襁 qiǎng 褓

讥诮 qiào

怯 qiè 懦

提纲挈 qiè 领

锦衾 qīn

亲家 qìng·jia

祛 qū 除

黢 qū 黑

清癯 qú

天衢 qú

龋 qǔ 齿

面面相觑 qù

证券 quàn

商榷 què

逡 qūn 巡

麇 qún 集

R 荏 rěn 苒 rǎn

稔 rěn 熟

妊 rèn 娠 shēn

冗 rǒng 长

S 缫 sāo 丝

稼 jià 穑 sè

堵塞 sè

刹 shā 车

芟 shān 除

潸 shān 然泪下

禅 shàn 让

讪 shàn 笑

赡 shàn 养

折 shé 本

慑 shè 服

海市蜃 shèn 楼

舐 shì 犊之情

有恃 shì 无恐

狩 shòu 猎

倏 shū 忽

束 shù 缚 fù

游说 shuì

怂 sǒng 恿 yǒng

簌 sù 簌

鬼鬼祟 suì 祟

婆娑 suō

T 趿 tā 拉

鞭挞 tà

叨 tāo 光

孝悌 tì

风流倜 tì 傥 tǎng

恬 tián 不知耻

殄 tiǎn 灭

恸 tòng 哭

如火如荼 tú

湍 tuān 急

蜕 tuì 化

囤 tún 积

W 逶 wēi 迤 yí

崔嵬 wéi

冒天下之大不韪 wěi

龌 wò 龊 chuò

斡 wò 旋

X 膝 xī 盖

檄 xí 文

狡黠 xiá

厦 xià 门

纤 xiān 维 wéi

翩跹 xiān

垂涎 xián 三尺

琴弦 xián

采撷 xié

叶 xié 韵

省 xǐng 亲

铜臭 xiù

星宿 xiù

长吁 xū 短叹

自诩 xǔ

抚恤 xù 金

酗 xù 酒

和煦 xù

眩 xuàn 晕 yùn

戏谑 xuè

Y 倾轧 yà

揠 yà 苗助长

殷 yān 红

湮 yān 没

赝 yàn 品

发疟 yào 子

揶 yé 揄 yú

摇曳 yè

拜谒 yè

笑靥 yè

甘之如饴 yí

颐 yí 和园

迤 yǐ 逦 lǐ

旖 yǐ 旎 nǐ

自怨自艾 yì

弋 yì 获

造诣 yì

肄 yì 业

熠 yì 熠闪光

一望无垠 yín

荫 yìn 凉

良莠 yǒu 不齐

负隅 yú 顽抗

伛 yǔ 偻 lǚ

囹圄 yǔ

熨 yù 帖

卖儿鬻 yù 女

苑 yuàn 囿 yòu

晕 yùn 船

Z 扎 zā 小辫

柳荫匝 zā 地

臧 zāng 否 pǐ

确凿 záo

谮 zèn 言

咋 zhā 呼

咋 zé 舌

择 zhái 菜

占 zhān 卜

破绽 zhàn

蛰 zhé 伏

贬谪 zhé

铁砧 zhēn

日臻 zhēn 完善

箴 zhēn 言

缜 zhěn 密

赈 zhèn 灾

症 zhēng 结

症 zhèng 候

诤 zhèng 友

踯 zhí 躅 zhú

咫 zhǐ 尺天涯

博闻强识 zhì

标识 zhì

脍炙 zhì 人口

鳞次栉 zhì 比

对峙 zhì

中 zhōng 听

中 zhòng 肯

胡诌 zhōu

啁 zhōu 啾

压轴 zhòu

贮 zhù 藏

撰 zhuàn 稿

谆 zhūn 谆教诲

灼 zhuó 热

穿着 zhuó

恣 zì 情

浸渍 zì

那些容易写错的字

正确	错误	正确	错误
安详	安祥	雾凇	雾松
表率	表帅	平添	凭添
竣工	峻工	装帧	装祯
和蔼	和霭	旋律	弦律
赃款	脏款	坐落	座落
九州	九洲	贸然	冒然
坐镇	坐阵	重叠	重迭
寒暄	寒喧	蛰伏	蜇伏
荧光	萤光	妨碍	防碍

正确	错误	正确	错误
辐射	幅射	元宵	元霄
泄气	泻气	夜宵	夜霄
赝品	膺品	发轫	发韧
沉湎	沉缅	痉挛	痉孪
精简	精减	蹚水	趟水
装潢	装璜	瞭望	了望
震撼	振撼	啰唆	罗唆
蜂拥	蜂涌	粗犷	粗旷
覆盖	复盖	针砭	针贬
当作	当做	缘分	缘份
松弛	松驰	凑合	凑和
家具	家俱	脉搏	脉博
沧桑	苍桑	就绪	就序
谜团	迷团	即使 / 既然	既使 / 即然
精粹	精萃	追溯	追朔
偶尔	偶而	九霄	九宵
擅长	善长	宣泄	渲泄
迁徙	迁徒	发愣	发楞
雏形	雏型	抱憾	报憾
陨石	殒石	订书机	钉书机
诵读	颂读	明信片	名信片
修葺	修茸	一摊血	一滩血
编纂	编篡	笑眯眯	笑咪咪
急躁	急燥	艾滋病	爱滋病
气概	气慨	挖墙脚	挖墙角

正确	错误	正确	错误
舶来品	泊来品	天翻地覆	天翻地复
坐月子	做月子	老生常谈	老声常谈
哈密瓜	哈蜜瓜	洁白无瑕	洁白无暇
度假村	渡假村	开天辟地	开天劈地
大拇指	大姆指	食不果腹	食不裹腹
老两口	老俩口	尾大不掉	尾大不调
三部曲	三步曲	山清水秀	山青水秀
入场券	入场卷	既往不咎	既往不究
综合征	综合症	精兵简政	精兵减政
鼎力相助	鼎立相助	脍炙人口	烩炙人口
罄竹难书	磬竹难书	不落窠臼	不落巢臼
蛛丝马迹	蛛丝蚂迹	墨守成规	默守成规
声名鹊起	声名雀起	黄粱美梦	黄梁美梦
源远流长	渊远流长	不胫而走	不径而走
金碧辉煌	金壁辉煌	一诺千金	一诺千斤
迫不及待	迫不急待	萎靡不振	萎糜不振
殚精竭虑	弹精竭虑	再接再厉	再接再励
按部就班	按步就班	矫揉造作	娇揉造作
张皇失措	张惶失措	悬梁刺股	悬梁刺骨
一副对联	一幅对联	一筹莫展	一愁莫展
出其不意	出奇不意	黯然泪下	暗然泪下
美轮美奂	美仑美奂	以逸待劳	以逸代劳

附录

那些多对一的繁简字

简体	繁体	组词及释义
几	几	茶几、几案、窗明几净。
	幾	幾乎、幾何、幾許、未幾、幾個。
了	了	了得、不甚了了。
	瞭	明瞭、瞭如指掌。
干	干	干戈、干支、相干、干預。
	乾	餅乾、豆腐乾、乾燥、乾脆、乾爹。
	幹	軀幹、樹幹、幹活、才幹、幹練。

（注意：繁转简时，读qián的"乾"字不简化，如乾坤、乾隆。）

| 千 | 千 | 成千上萬、千秋萬户、千秋萬代。 |
| | 韆 | 鞦韆。 |

| 斗 | 斗 | 八斗、車載斗量、斗酒、熨斗、漏斗。 |
| | 鬥（鬪） | 戰鬥、鬥牛、打鬥。 |

| 丰 | 丰 | 丰采、丰姿。 |
| | 豐 | 豐富、豐滿、豐收、豐功偉績。 |

| 云 | 云 | 孔子云、人云亦云、不知所云。 |
| | 雲 | 白雲、雲裳、雲石、雲集、雲南。 |

| 历 | 歷 | 歷史、歷險、歷練、經歷、學歷。 |
| | 曆 | 日曆、月曆、農曆、萬年曆。 |

| 仆 | 仆 | 偃仆、顛仆、前仆後繼。 |
| | 僕 | 僕夫、僕人、風塵僕僕、僕射。 |

| 丑 | 丑 | 丑時、子丑寅卯、丑角、小丑。 |
| | 醜 | 醜陋、出醜、醜惡、醜化。 |

| 汇 | 匯（滙） | 匯合、匯流。 |
| | 彙 | 詞彙、彙刊、彙編、彙集。 |

| 占 | 占 | 占卜、占卦、口占、拜占庭。 |
| | 佔 | 佔領、佔有、佔地、吞佔。 |

只	祇（祇、衹）	zhǐ：祇是、祇求、祇有、祇争朝夕。
	隻	zhī：一隻雞、船隻、形單影隻。

制	制	制度、制定、制止。
	製	製作、裁製、繪製。

饥	飢	飢餓、飢民、飢寒交迫、煮字療飢。
	饉	饑荒、饑饉。

台	台	台鑒、兄台、台州。
	臺	平臺、舞臺、臺詞、柜臺、寫字臺。
	颱	颱風。

发	發	發射、發財、出發、啟發、發福。
	髮	頭髮、髮妻、髮膚。

冲	沖	沖茶、沖洗、沖毀、沖賬。
	衝	要衝、衝鋒、衝突、衝擊、衝動。

夸	夸	夸父、夸克。
	誇	誇張、浮誇、誇耀、誇獎。

划	划	划船、划算、划不來。
	劃	劃一、劃分、計劃、企劃。

复	復	回復、恢復、復查、修復、報復。
	複	複習、複製、複雜、重複。

简体	繁体	组词乃释义
回	回	回望、回頭、回家、回報、章回。
	迴	迴廊、迴文、巡迴、迴避。
伙	伙	傢伙、伙食、搭伙。
	夥	成群搭夥、夥伴、合夥、一夥人。
向	向	飛向、向右。
	嚮	嚮阳、嚮着、志嚮、嚮導、嚮往。
后	后	夏后氏、后羿、皇天后土、皇后。
	後	前後、後方、後來、後悔、落後。
尽	盡	應有盡有、盡心、詳盡、無窮無盡。
	儘	儘管、儘早、儘量。
纤	纖	xiān：纖細、纖巧、纖纖玉手、纖維。
	縴	qiàn：拉縴、縴夫、縴繩。
克	克	克服、克制、休克、坦克、千克。
	剋（尅）	攻剋、剋星、剋扣。
杆	杆	大型棍狀物，gān：欄杆、標杆、旗杆。
	桿	較細小的棍狀物，gǎn：筆桿、秤桿。
里	里	鄰里、鄉里、里程。
	裏（裡）	裏邊、被裏、這裏。

| 谷 | 谷 | 山谷、河谷、進退維谷。 |
| | 穀 | 穀物、穀雨、五穀豐登。 |

| 余 | 余 | 我。 |
| | 餘 | 餘下、餘力、茶餘飯後、餘音。 |

| 卷 | 卷 | juàn：書卷、試卷、卷帙、開卷有益。 |
| | 捲 | juǎn：捲起、捲舌、捲曲、煙捲、席捲。 |

| 表 | 表 | 外表、發表、表白、表弟。 |
| | 錶 | 手錶、鐘錶、儀錶（測量指示的器具）。 |

这些年我们用错的汉字

汉字之最

◎ 汉字是记录汉语的书写符号，汉语是世界上使用人数最多的语言，汉字自然是世界上使用人数最多的文字。据统计，目前使用汉字的人数已达12亿以上，约占全球人口的20%。

◎ 汉字很古老，世界三大文明古国的古文字，即古埃及的象形文字、古巴比伦的楔形文字和汉字，现在也只有汉字仍在使用，因此从某种意义上说，汉字也是世界上仍在使用的最古老的文字。

◎ 我国第一部字典《说文解字》，东汉许慎编著，收单字9353个。清代康熙年间由张玉书、陈廷敬等学者编撰的《康熙字典》是古代收集汉字最多的字典，收47035个字。1994年出版的《中华字海》，收字85568个，是目前收字最多的字典。

汉字是表意文字，汉字的构造有六书之说。流行的说法是，象形、指事、会意、形声是造字方法，假借与转注是用字方法。此所谓"四体二用"。"形声"是一种最能产的造字方式，成为创造汉字的主要方法。《说文解字》的9353个字中，形声字占82%。

7000个通用字中8画~12画的字最多。在所有汉字中，9画的汉字最多，约占总数的11%；其次是10画和8画的字。汉字从繁体到简体，一定程度上减少了汉字学习的难度，但对很多人特别是外国学习者来讲，汉字难学仍是个大问题。

笔画最少的汉字只有一画，有三个字：一、乙、〇。

现代汉字中，构字能力最强的10个部件是口、一、艹、木、人、日、氵、亻、八、土。组成文字最常用的部件是"口"。平均每100个字中，就可能有20个"口"。其实，汉字里有两个口，一是表嘴形状的象形字，另一是大口框，是围的古字。

根据统计，现在通用汉字中，左右结构的最多，约占总数的65%；其次是上下结构的字，约占21%。这两种类型的字就占了统计总字数的86%。不管左右结构，还是上下结构，还是某个部位浓缩在某个角落，都是照顾汉字是方框形式的需要。

据统计，我国使用频率最高的10个汉字是的、一、了、是、我、不、在、人、们、有。其中排在首位的单字是"的"，一般文章里约25个字中便出现一个，竟占全部汉字用字率的4%。

汉字里同音字最多的读音是"yì"。据《现代汉语词典》（第6版），多达93个。

查《汉语大字典》，有个别汉字读音之多出乎意料，比如"敦"字，居然有十个不同的读音：dūn、duī、duì、dùn、tún、tuán、diāo、dào、chún、zhǔn。据说，敦是读音最多的汉字。这看着挺吓人的，其实有的读音现实生活中根本用不着。

后　记

　　我的第一本书要出版了。这是本很小的书,开始写作时,我就试图让她轻松诙谐一点儿。结稿时却发现,有的篇目太过轻松,未免油滑了。我与责编胡香玉老师交流许多,对书的内容做了必要的增删。所以,现在大家看到的这本小书,与开始交稿时,面貌已有不同。本书凝结着胡老师的辛勤劳动,在此表示深深地感谢。同时,我对中华书局老师们的严谨认真负责表示敬意。本人水平有限,错误难免,期待读者指正。

程玉合